NHK"あさイチ"お金が貯まる財布のひみつ

上班族的
财务自由计划

普通人如何靠工资存够100万

［日］横山光昭　［日］伊豫部纪子　著
曾玉尔　译

北京时代华文书局

图书在版编目（CIP）数据

上班族的财务自由计划 /（日）横山光昭，（日）伊豫部纪子著；曾玉尔译 . -- 北京：北京时代华文书局，2024. 11. -- ISBN 978-7-5699-5533-0（2025. 10重印）

Ⅰ . F830.59-49

中国国家版本馆 CIP 数据核字第 20244NH487 号

NHK ASAICHI OKANE GA TAMARU SAIFU NO HIMITSU：FUAN GA NAKUNARU CHOKIN NO GOKUI by YOKOYAMA Mitsuaki, IYOBE Noriko
Copyright © Mitsuaki Yokoyama, Noriko Iyobe 2015
Original Japanese edition published in 2015 by SHINCHOSHA Publishing Co., Ltd.,Tokyo
Simplified Chinese translation rights arranged with SHINCHOSHA Publishing Co., Ltd. through BARDON CHINESE CREATIVE AGENCY, Hongkong.
Simplified Chinese translation copyrights © 2024 by Beijing Time-Chinese Publishing House Co.,Ltd., China

北京市版权局著作权合同登记号 图字：01-2023-0939 号

SHANGBAN ZU DE CAIWU ZIYOU JIHUA

出 版 人：陈 涛
策划编辑：薛 芊
责任编辑：薛 芊
封面设计：WONDERLAND Book design 仙德 QQ:344581934
内文设计：孙丽莉
责任印制：刘 银

出版发行：北京时代华文书局 http://www.bjsdsj.com.cn
　　　　　北京市东城区安定门外大街 138 号皇城国际大厦 A 座 8 层
　　　　　邮编：100011　电话：010-64263661　64261528

印　　刷：河北京平诚乾印刷有限公司
开　　本：880 mm×1230 mm　1/32　　　成品尺寸：145 mm×210 mm
印　　张：7.25　　　　　　　　　　　　字　　数：147 千字
版　　次：2024 年 11 月第 1 版　　　　 印　　次：2025年10月第 2 次印刷
定　　价：58.00 元

版权所有，侵权必究
本书如有印刷、装订等质量问题，本社负责调换，电话：010-64267955。

前言

财务焦虑像条甩不掉的小尾巴,也许平时你不曾察觉,但有时它会成为绊脚石,使你在做决定时不得不瞻前顾后、患得患失。有时,它甚至还会从背后重拳出击,直击要害。

当被问及是否想成为有钱人时,也许每个人都会给出肯定答案。然而,所谓的有钱并不是指坐拥大别墅,在自家的游泳池边畅饮香槟,而是彻底不再为钱所困,实现财务自由。

"朝一"是日本NHK电视台策划的一档晨间生活节目,于周一至周五在晨间剧结束后接档播出。我是一名自由制片人,负责该节目的制片工作。作为自由职业者,我的工作非常不稳定,总是为财务问题而忧心忡忡。

有什么办法可以使人不再为钱所困吗?我一直在苦苦思索能够摆脱金钱焦虑,实现财务自由的有效方法。这样的方法应该是行之有效的,而并非"毒鸡汤式"的自我安慰。很多时候,在"毒鸡汤"的麻醉下,当事人明明已深陷财务深渊,却仍误以为岁月静好。

毕竟,当为钱发愁时,你的生活就笼罩了一片阴霾。

也许在日常生活中会有这样的时刻:"哇!我想要这个!"当遇到了自己的"梦中情裙"时,小心翼翼地避开热情的店员,悄悄地把它拿到试衣间里翻开价格标签一看,感慨道:"天呐,这也太贵了吧!"

"感觉屁股那里是不是有点紧啊?"你装模作样地向店员寻求建议,实际上希望得到"哪有这回事啊!一点都看不出来呢"的肯定回复,顺势吃下一颗定心丸。随后,为买下这条裙子绞尽脑汁地寻找借口,克服昂贵价格导致的心理障碍,毅然决然地付了款。可是,只有买下裙子的那一瞬间是快乐的。在短暂的喜悦过后,冲动消费的悔意汹涌而来,你不禁开始质问自己:"这么无节制地消费真的没关系吗?"

此外,越因钱而焦虑,钱可能会越来越少。

朋友向我推荐了一只股票,并信誓旦旦地保证道:"绝对会大赚一笔的!我就是用赚到的钱出国旅行,买了很多高档化妆品。"对此我深信不疑,满心欢喜地入了股,谁知这只股票在金融危机的时候大崩盘。一直以来省吃俭用节省下来的钱在这次股灾中亏得血本无归。祸不单行,就在这个时候,我发现丈夫居然欠下数百万银行贷款。当时的我几乎接近崩溃的边缘,盯着自己的这双手,撕心裂肺地大叫道:"我待金钱如初恋,金钱虐我千万遍!究竟是为什么啊!"

当时的我实在是狼狈至极。然而天无绝人之路,我接手了"朝

前 言

一"的"女人财富"系列节目的制片工作，并以此为契机结识了我的贵人——总是身着西装的专业家庭理财咨询顾问——横山光昭先生。

我仿佛遇见救星般求知若渴地向他请教、汲取知识，慢慢地学到了许多真正能帮助自己消解财务焦虑的好方法。

在此之前，横山已经帮助 8500 多个家庭改善了财务状况，并撰写了 40 余本理财书。他所提倡的理财技巧广受好评，颇享盛誉。实在走投无路的我决心破釜沉舟。在我的"苦苦相逼"下，横山在"朝一"节目中首次公开了许多理财新技巧。

这些都是他本人及其家人在日常生活中践行的，也是他在竭尽全力为顾客解决问题的过程中所苦思冥想出来的好法子。

节目播出后好评如潮，横山也充满了干劲儿。他认为，由于客观条件的限制，节目中介绍的理财技巧其实言之未尽，如果想要使更多的家庭受惠，还需要不断更新、完善。完善后一定可以帮助更多在财务方面苦苦挣扎的人们。

就这样，我这个理财"差生"制片人与大名鼎鼎的专业家庭理财顾问横山光昭先生决定合著出书，在书中继续沿袭"朝一"节目的风格，帮助人们摆脱财务忧虑。这就是本书产生的契机。

我曾经问过横山一个问题："你有没有担心过钱的问题？"
他给出了否定答案。

003

当我表示"那是因为你挣得多"时，他却否定了这一说法。原来，他是六个孩子的父亲，最年长的孩子已步入大学，而最小的孩子还在襁褓中嗷嗷待哺，因此教育方面的支出简直是个天文数字。

而且，他的客户往往都是那些"没有钱"的群体。为了给每一位客户都提供最好的服务，他一天最多只能接待三位。很显然，这并不是一个有利于积累财富的商业模式。

"即使如此我也并不焦虑。"说罢，他圆润可爱的脸庞挂上了笑容。

横山经常对我说："金钱是不会背叛你的，绝对不会。所谓一分耕耘，一分收获。如果理财得当，你也会获得相应的回报，焦虑也会离你而去。"

对此，从未被金钱眷顾过的我并不以为意，以至于在节目制作过程中听到这句话的时候，只用一句"哦，这样啊……"敷衍地回应他热忱又真诚的箴言。

后来，当我开始在生活中实际运用"横山式"的理财技巧时，我惊讶地发现这一切居然都是真的！

写到这里，按照一般理财书籍的套路，后来的我应该财源滚滚，喜笑颜开，过上了富足的生活……然而事实并非如此。

我仍然像往常一样为生计而奔波，依旧会为了是否要买100日元的咖啡而在自动贩卖机前犹豫不决。但是，我注意到金钱焦

前言

虑已经离我远去，我也重新燃起了对世界和人生的信心，坚定地相信"只要我需要钱，我就可以得到它"。同时，也深刻领悟到了"金钱永远不会背叛你"这句话的真实含义。这种心态上的巨大转变对以前的我而言是完全无法想象的。

带来这种变化的并非一直令我退避三舍的"节省"，也不是用超出常人的方式去"挣钱"。其实只要稍微进行思考，改变消费方式，钱就会神奇地成为你的好伙伴，为你的人生保驾护航。

现在的我所窥探到的只不过是幸福理财生活的小小一隅，仍需要不断学习、不断探索。但我相信，每个人都可以找到适合自己的理财之路，与金钱共创美好未来。

在本书中，我们对"朝一"里的采访内容以及专业家庭理财咨询顾问的理财秘诀进行了系统性的梳理与总结，所介绍的理财方法都来源于他本人在实际生活中的实践。希望你在读完此书后能够彻底摆脱财务焦虑，迎接美好未来！朋友们，你真正想要实现的美好目标正在未来等你！

NHK"朝一"节目组制片人　伊豫部纪子

目 录

第一章　超级钱包术

钱包如其人　　　　　　　　　　　　　　002
存钱小技巧之钱包整理术　　　　　　　008
终极技巧——"消""浪""投"理财体系　　013
理想的理财分配　　　　　　　　　　　023
这真的是投资吗　　　　　　　　　　　028
设置专用的"浪费钱包"　　　　　　　036

第二章　花钱的秘诀

什么才是真正的"超值"　　　　　　　042
随时出现的危机　　　　　　　　　　　053
舍弃无用的卡　　　　　　　　　　　　058
可能你也是"易欠债体质"　　　　　　064
信用卡之外的银行卡　　　　　　　　　070

对"浪费"的误解 075

家庭预算的黄金比例 079

用冲动消费给人生赋能 083

第三章　存钱的秘诀

先从"家庭钱包"入手 090

取钱的技巧 093

存钱小技巧之银行账户 097

快乐储蓄账户 111

横山一家的理财法 115

等一等！这是什么存钱法？ 120

开始记账，就是现在！ 124

分类的魔力 128

制定预算就能实现 130

成功存钱的好习惯 136

储蓄达人的性格特征 143

第四章　全家老小齐动员

可视化大作战 148

零用钱的魔法 152

投资丈夫就是投资家庭 159

夫妻间的隔阂与金钱关系 　　　　　　　　　164

"共同行动"是探讨金钱问题的第一步 　　　168

横山家了不起的"妻子力" 　　　　　　　　172

通过金钱会议来提高管家能力 　　　　　　　177

第五章　消除金钱焦虑

这种焦虑究竟从何而来 　　　　　　　　　　182

"凭感觉"很危险 　　　　　　　　　　　　　187

你正处于哪个需求层次 　　　　　　　　　　192

真诚才是必杀技 　　　　　　　　　　　　　196

钱是越花越多的 　　　　　　　　　　　　　200

迈入主动进攻的储蓄之路 　　　　　　　　　205

后　记 　　　　　　　　　　　　　　　　　211

第一章

超级钱包术

钱包如其人

（伊豫部）我是一名自由制片人，负责"朝一"中"超级主妇"系列节目的制片工作。"超级主妇"是一档系列节目，主要介绍家务达人的生活小窍门，曾停播将近1年的时间。在这1年间，我一直在思考，能否以节目停播期间我本人对财务的焦虑与担忧为主题进行策划，使节目起死回生？此前的节目内容都是"超级主妇之友会"的主妇们分享自己的家庭理财小妙招。虽然十分精彩，但践行起来却有一定难度，必须勤勤恳恳、不辞辛苦地记账。

受到启发后的我也曾做过家庭账本，但说实话，记账过程非常辛苦烦琐。

于是我开始思考，还有什么更方便、更简单，对家庭主妇们也更友好的省钱小窍门呢？

一个想法突然映入我的脑海：如果有一种能够使钱越花越多的钱包就好了。基于这个天马行空的想法，我构思了"超级钱包术"这一策划案，并在一次选题会上做了提议。

然而，这在向来保守的 NHK 电视台中很快就碰了壁。在选题会上，该提案被一针见血地指出存在调研不足的问题。正当我准备跑到厕所里偷偷抹眼泪时，总制片人说道："说起来，'女人财富'这一系列虽然已经做好了主题片，但完全没用过。毕竟是花了钱做的，要不就试试吧！"

就这样，机缘巧合下，"超级钱包术"策划案作为"女人财富"的系列节目被正式采用了。

可是，在调研取材的过程中我却频频碰壁，每天都因害怕节目被取消而惴惴不安，不禁开始自我怀疑："能存到钱的超级钱包术，这个世界上真的存在这种好东西吗？"正在这个危难关头，是横山向我伸出援手，带我脱离了困境。认识了他之后我才恍然大悟，原来这个世界上真的有这样奇妙的理财小窍门啊！

我想先给大家介绍一下令我心存感激的钱包理财小窍门。

似乎有一段时间，坊间经常流传这么一种说法——"用长款钱包能存得下钱"，但实际情况又如何呢？

后来，我也跟风从原来的两折钱包换成了长款钱包。

但是，一位空乘在观察头等舱的客人后表示："大家用的都是款式时髦的两折钱包。"而我十分尊敬的一位超级主妇也表示自己使用的钱包是两折的。

"朝一"的嘉宾水道桥博士向我们展示了他做旧风的长款钱

包。他认为："那种带魔术贴，一打开就咔咔作响的钱包一看就不行。"

不久前，主持人有働由美子女士刚刚换了时髦的长款钱包。

那横山的情况又如何呢？果不其然，他展示给我们的是长款钱包。但是他认为，**钱包不在于长短，而在于是否能守得住钱**。

经过多方调查后我得出一个结论：两折钱包是理财达人的标配。他们往往倾向于选择适合自己的两折钱包，引领新时尚。但是，这并不适合东西多到都无法合起钱包的人。

对于怎么都存不下钱，迫切想要改变的人来说，长款钱包是个不错的选择。

理由非常简单，**因为使用长款钱包的话，钱包内的余额就一目了然**。不过，虽然用的是长款钱包，但是如果里面的东西装得太满，使钱包都变形了的话，那也不太好。总之，钱包不能装得太满。

横山认为，杂乱臃肿的钱包是不会理财的一大象征。

小瞳是一位全职主妇，曾在"朝一"取景的时候为我们提供过帮助。她总是为存不到钱而感到困扰。在一次节目中，面对主持人塚原泰介先生的请求，她向我们展示了自己的钱包，果不其然，装得满满当当。塚原尝试着将钱包立起来，没想到居然成功了。

面对臃肿的钱包，横山一针见血地指出："从钱包就能看出一个人的理财管家能力。"

在节目拍摄的过程中，总是抱怨"存不到钱啊！"的家庭主妇们向我们展示的就是臃肿的钱包。见钱包如见人，从这些钱包我们能够了解到钱包主人的性格特征，以及对家人深深的爱。

● 护身符（祈祷财源滚滚）

● 购物小票（或许退货时能用到？想着之后会贴到家庭记账本上做记录，所以暂时留了下来，其实最后还是不了了之）

● 优惠券、积分卡（能省则省派）

● 孩子及爱宠的照片（想心爱的人常伴身边）

可是，这些习惯有一个致命的缺点，那就是：虽然钱包看起来鼓鼓的，但钱却寥寥无几。

为什么钱包里净是这些无用的东西呢？仔细思考这个问题的话，我们就能找到总是存不到钱的原因。

钱包如果被其他东西塞满的话，那就不能被称为"钱"包了。这样的"钱"包，仅仅承载了使用者想要变有钱的美好愿望，并没有实际的作用。

此外，如果总是抱有"只有把东西都放进钱包里才安心""能省则省"的想法，那么在真正需要付钱的时候，找起东西来就很麻烦。

这样的小细节虽然不起眼，却很容易导致冲动消费。因为现

小票收纳派

是把钱包当成小票收纳包了吗？令人不知所以。如果不好好整理，而总是想着先暂时放放的话，是存不到钱的。

优惠券爱好者

不愿吃亏。放了这么多，真正需要的时候能够立马找出来吗？而且，不要忘了优惠券本身就带有诱导消费的性质。

护身符狂热派

希望靠神迹来实现自身愿望，总是期待着不期而遇的惊喜。可是，这样的意愿太强烈的话，反而会对存钱产生消极影响。

代社会充斥着无数诱导你花钱的因素。

相比之下,理财储蓄达人的钱包里所放置的积分卡都是经过层层筛选的;购物小票也仅仅放最需要的那些;钱的摆放也井井有条,余额一目了然;至于别的东西,则是定期将它们归置到其他地方。

这是因为主人清楚地意识到,金钱是帮助自己实现梦想、达成目标的重要手段。

就像匠人爱护他的工具一样,你可以从中感觉到他们对钱包的尊重。对其而言,钱包是钱的聚集地,人生在世,钱的重要性不言而喻。因此,他们决不允许任何无关物件进入其中,尤其是那些爆发式欲望的象征。

存钱小技巧之钱包整理术

（伊豫部）摆脱金钱焦虑的方法。如果你是"外貌协会"的一员，那么从钱包的外观开始改变对你来说或许是个不错的主意。

我不相信黄色钱包会招财，也不相信红色钱包会漏财等诸如此类迷信的说法。

（但是当我"斥巨资"买了一个华丽的红色钱包时，就有人这样告诉过我。这确实让我有点郁闷。）但我意识到，钱包是否使用得当是存钱的关键所在。

横山曾经对我说过，无论如何必须让钱包发挥其本来的作用。

换句话说，在使用钱包时，要把注意力集中在钱的进出上。要做到这一点，你需要：

- 清理出任何与钱无关的东西
- 不要囤积小票
- 积分卡只放最常用的
- 使余额一目了然
- 拒绝钱包臃肿

我严格遵循这些要点,开始了"钱包革命"。这是一项相当艰巨的任务。清理出任何与钱无关的东西?嗯……理发师的名片可以拿出来,但小票和积分卡不能算是与钱无关吧?

起初我总有这样的疑问,甚至产生了抵触心理。不过,如果是为了记账才把小票放在钱包里的话,那根本无须随身携带,放在别的地方也完全不碍事。(比如记账本的小票夹层、小票收纳袋等)

就这样,在我清理了小票之后,钱包一下子变得清爽了许多。下一个目标是积分卡。

有些人会将卡片放在专用的卡包里随身携带。但我不希望给包包增加负担,也觉得在结账的时候需要专门从卡包里找卡很麻烦。

有些时候,在"说不定什么时候就用上了"心理的驱使下,我总是将钱包里塞满各式各样的卡。但后来渐渐意识到,其实这种毫无计划的消费方式本身就需要改变。

什么都按计划行事的话不就成了计划的奴隶了吗?我们应该有更多的自由!——曾几何时,我也曾挥舞着拳头抗拒过。但后来终于明白,这样毫无计划的行事方式本身就是自由的奴隶。既然选择了将积分卡放在钱包里,我们就需要下功夫对其进行管理。

"能省则省"的思维方式曾使我压力山大:

"明明有这家店的积分卡，但怎么就是找不到呢？""上次积分章盖在小票上了，这次必须得把卡找到，拿着卡去。""再买点东西分就积满了，这次就买点实用的东西吧。但买什么好呢……"

对这些大大小小的事情一一决策十分消耗精力，压得我喘不过气。

对于还有其他事情需要考虑的我来说，这简直就是在浪费时间。脑容量本来就不够用的我根本就不应该为这些事情浪费精力。

当我整理这些卡片时，突然发现在同一家店居然办了三张积分卡！而要想把它们都整合在一起是件很麻烦的事，庞大的工作量令人望而却步。

可能比喻有些不太恰当，我终于明白**"有得必有失"**这句话所蕴含的深刻道理。

在理财方面，所谓"有得必有失"就是指如果钱是"得"，那么你就需要用自己的判断力、时间和体力等宝贵的资源来与其交换，这些交换的代价就是"失"。万万没想到这些代价是如此巨大！

这样做的结果就是我最终购买了一堆无用之物，然后用积攒的积分兑换美容优惠券，还因自己占到便宜沾沾自喜。这样的我真是愚蠢至极！

为了获得与 100 日元等值的积分却需要花费 1 万日元，明明是亏本的买卖，却总是用"积少成多"来自我安慰，并且不做出任何改变。

但是回过头来仔细想一想，我本来就不是那种为了所谓"积少成多"而不厌其烦、耗费心力的人。只是当时的我短暂地丧失了判断力。

所以，我决定把多余的积分卡都扔掉，只留下一张经常使用的。

如果一张积分卡显示再消费 5000 日元就可以攒够等值积分，免费购买 500 日元的东西的话，那是丢还是留呢？也许我会短暂地犹豫一下吧。但我已经厌倦了为这些小事耗费精力。所以，对不起了积分卡，垃圾桶见吧！我是不会后悔的。

在这个过程中，我渐渐发现**将精力与能量集中在真正需要的东西上至关重要**。其他细枝末节的小事就应该断然割舍。

本来做出改变的初衷是为了整理钱包，但渐渐发现自己同时也在反思生活。

人们常说，最好将钱按顺序摆放。

横山对这一做法也表示赞同，他认为，这样一来就能对钱有清楚的认知，余额也能一目了然。为了使钱包的整理结果更加可视化，我参照他的建议试着调整了钱的摆放顺序：1 万日元放在靠外侧的位置，而 1000 日元则靠内侧摆放。他表示，这样做的原因很简单，"一眼看去你就能知道里面是否至少有 1 万日元"。

此外，考虑到使用频率，有些主妇会将1000日元放在靠外侧的位置，认为这样更方便。这样的摆放顺序也不无道理。

井之原快彦先生（演员、歌手、主持人。曾参加"朝一"节目）曾说过："1万日元就像是游戏里最后的大BOSS，所以要放到最里面。"

将1万日元看作游戏里实力最强、压轴出现的大BOSS，这一比喻十分接地气。

无论采取哪种摆放方式，只要多加思考并根据实际情况做出适合自己的决定，在这个过程中你对金钱的认识就会变得更加清晰。

我更青睐横山的摆放风格。它给人的感觉像是许多张1000日元蠢蠢欲动，想伺机冲出钱包，而1万日元就像保护神一样将其封印，让它们老老实实地待在钱包里。如果你打开钱包却没有看到1万日元，那你就立马能够认识到："啊，没钱了。"这当然是件好事。

在进行"钱包革命"后，我最大的感受就是冲动消费的次数减少了。钱包帮助我学会如何正确花钱，理性消费。

我认为，钱包的本质就是在取钱或花钱时拿在手里的、时尚的、令人心情愉悦的重要工具。

对我而言，虽然"革命尚未成功"，但我得以窥见了一个美好的世界。在那里，钱作为挚友与我们同在。

终极技巧——"消""浪""投"理财体系

（伊豫部）横山曾说过："花了多少钱并不重要，知道钱花在了哪里才是关键。"

这句话引人深思。诚然，我们在消费时更容易被价格所吸引，而忘记思考是否真的需要这个东西。

因此，清理完钱包后，下一步就是要培养在钱包里留出放小票的空间并每日清空的习惯。这一做法的关键在于如何处理这些小票。这就是横山的"看家本领"，曾拯救无数深陷财务泥潭的家庭于水火之中，在"朝一"中也好评如潮的"消""浪""投"理财体系！

"消""浪""投"是横山自创的理财体系，主张按照用途对钱进行分类。

他曾试图用红绿灯的三种颜色"红、黄、绿"以及"△、×、○"作为分类符号。经过反复验证与试错，最终决定按照"消费""浪费"和"投资"对花出去的钱进行分类，该体系自此得以确立。

一旦你熟练掌握这一理财体系，即使不记账也能发现存钱的

"消" "浪" "投"

消费
生存所需的必要支出

浪费
不必要的消费

投资
对自己及家人未来有益的支出

奥秘。

如今,横山所创立的"消""浪""投"理财体系已经被注册为商标,并获得了理财专家的广泛关注。

你对它了解得越多,就越能有效、合理地存钱。

下面是具体的操作方法:

准备三个小容器——可以是空盒子,也可以是篮子。分别给它们贴上"消费""浪费"和"投资"的标签。

然后,将小票从钱包中取出,**根据消费类型对其进行分类**。

"消费"是指生存所需的必要支出。

"浪费"按照字面意思,指代不必要的消费。

"投资"则是指对自己及家人将来有益的支出。

如果一张小票同时包含以上三种,请将它们分别写在不同的纸上再进行分类。

在进行这一步骤时,你需要认真思考一下,它究竟属于"消费""浪费""投资"中的哪一种?这时,主动思考才是关键。

这是必需品吗?它是否让你快乐?当初是否可以不买?上一次用到它是多久之前的事了?……

通过思考以上问题,你会逐渐了解自己的价值观,并意识到对自己而言什么才是必不可缺的东西。

在"朝一"节目中,家庭主妇小瞳就尝试践行了这一做法。

她按照"消""浪""投"的分类方式，将小票一一归置到三个盒子里。

"卷心菜是食物，所以应该放到消费的盒子里。胡萝卜、纸巾也属于消费。"

"消费"的箱子很快就装满了。此时，横山开始发言了。

"都被归类到消费里面了呀。从这里我们就能发现您存不下钱的真正原因。"

"啊？真的吗？"

"真的。让我们来具体分析一下。在目前被归置到消费类的事物中，在您来看有没有可以被重新归类到'浪费'的东西？"

小瞳和她的儿子一起对小票进行重新分类。

"披萨似乎也可以不买的。"

"确实。"

于是，她把披萨的小票改放进"浪费"的盒子里。这时小瞳意识到当时买披萨完全是临时起意，因为被便宜的价格所吸引了。

从中我们不难看出，小瞳的消费倾向为：对低廉的价格毫无抵抗力。

下一张小票上记载了数百日元的布丁。

"是布丁啊！"

"爸爸最喜欢吃了。"

"这算是犒劳爸爸的。"

"是的,所以就算'消费'吧。"

听罢,横山等待了一会儿后继续说道:"我觉得这也算是投资的一种。"

"是啊,因为这是犒劳爸爸的。爸爸为了这个家如此辛苦地工作。那我们就把它放进投资的盒子里吧。"

这些布丁是为了犒赏辛勤工作的父亲而购买的,其实是一项投资。

这样一来,小瞳一家就形成了自己的"消""浪""投"分类标准。将积攒了两周的小票一一分类后,小瞳发现被归类到"浪费"盒子里的金额将近 5000 日元。

她不禁感慨道:"如果我省下这笔钱,那就能变得多不一样啊……"

"消""浪""投"这一理财体系不仅能够帮助你减少浪费,更重要的是,它能帮助你自然而然地将造成浪费的坏习惯、不良消费价值观可视化。在此之前,小瞳只是隐隐约约觉得自己浪费了很多钱,但却不清楚钱究竟被花在了哪里,只是一个劲儿地焦虑,急着要省钱。

在践行了"消""浪""投"理财体系后,她为自己今后采用节约措施找到了具体的方向。

此外，无形的焦虑与不安也大大减少，她又能恢复到马力全开的状态。

不仅如此，"消""浪""投"理财体系也有助于回顾1个月前所做出的决定。有些时候，即使是同一件物品，消费后立即做出的判断与过了一段时间后再做出的判断也会有所差异。如果你是第一次接触这个理财体系，那么，在做出判断之前可以先给自己一些时间，这样一来你就会感受到自己的成长与进步，也更能激发前进的动力，继续坚持下去。

志奈是"消""浪""投"理财体系的践行者，她从1年前就开始使用这一方法，现在已经能够存到钱了。因此，我们对她进行了采访。

志奈一家是双职工家庭，夫妻二人共育一女。在孩子出生前，夫妻二人在外出就餐与旅行方面从不吝惜。

然而，在孩子出生后，她的工作减少，收入也相应减少了许多。与此同时，育儿费的开销成了沉重的负担，每月剩下的钱寥寥无几。

极度焦虑与不安的她找到了横山，正式接触到了"消""浪""投"理财体系并开始尝试。在践行这一理财体系的过程中，她对"何种消费行为完全是浪费钱，何种消费行为是投资"逐渐有了一个清晰的了解。

比如说，她从前喜欢在公司附近的咖啡店内购买咖啡。翻阅账本时，她发现即使同样是购买咖啡这一行为，有时是不必要的浪费，有时却能成为一种投资。之所以可以归类到"投资"一类，是因为咖啡有助于消除疲惫，能帮助她在下午更好地工作。而成为"浪费"则是因为本来没有喝咖啡的打算，只是陪同事去买，不知不觉自己也买了一杯。

随着对自己的消费目的有着逐渐清晰的了解，有一天她突然灵光一现，意识到只要在家里煮好咖啡后装进保温杯里带着去上班，就能避免不必要的消费。

此外，另一个重大变化是她对休闲娱乐支出的态度转变。

在此之前，她将花费4万~5万日元去迪士尼乐园游玩的消费行为视为"投资"。当她听到其他孩子的母亲谈论起去迪士尼的经历，并表示下次还想去的时候，她笃定地认为，如果带自己的孩子去那里，她也一定会很开心。

然而就在某一天，她开始用"消""浪""投"理财体系重新审视去迪士尼乐园的消费行为。"那里人山人海，玩得很累，孩子也还太小，根本享受不到游玩的乐趣。归根结底，认为只要带孩子去迪士尼他们就会开心，这样的想法会不会只是家长的一厢情愿？"

大约在同一时期，当她发现女儿即使在附近的公园里也能玩

上班族的财务自由计划

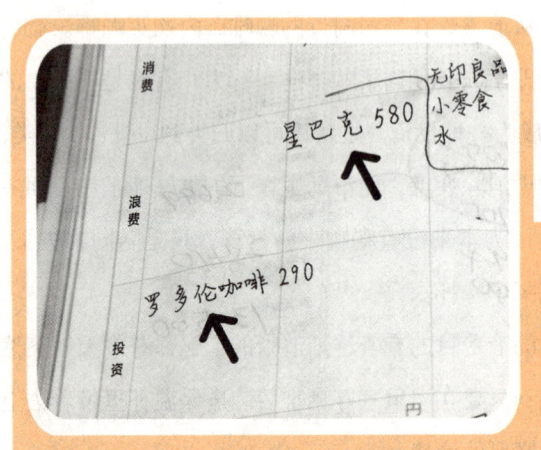

志奈家的"横山式"记账本

根据实际情况,购买咖啡的支出可以被归类为"浪费"或"投资"

伊豫部与小瞳、横山一起挑战"消""浪""投"分类体系

得津津有味时，她终于意识到对自己来说孩子玩得开心比什么都要重要。

"从那时起，我们会去公园，就是那种普普通通的公园。午餐也是做好了带过去吃，也能节省点钱。但这并不是小气，事实上，我觉得这样做之后，自己在精神和情感上都更充实了。"

这样一来，休闲娱乐方面的开支大幅度下降，她将省下来的钱购买了此前一直想买却犹豫不决的"奢侈品"——蚕丝被。

"被子非常舒服，我女儿睡得非常好。我早上醒来时感觉神清气爽，精力充沛。我想这算是一项投资。"

两年后，当我有机会再一次见到志奈时，她已经熟练掌握了横山的理财技巧。她说，尽管有时实在太忙，一个多月都没有记账，但也毫不担心。因为在购物时，按照"消""浪""投"对所购商品进行判断已经成为她的习惯。

"这是能够伴随我一生的好习惯。非常感谢能有机会接触到这么棒的理财体系。"

据了解，志奈目前正在为女儿进入小学做准备。

其实，是否将支出根据"消""浪""投"进行正确分类这件事本身并不重要，重要的是重新审视以往的消费行为。

这样一来，你会有目的地消费，可以减少不必要的浪费，把钱花在真正需要的地方。

这是与钱为友道路上的一大进步。

从其他"消""浪""投"践行者处也传来了喜讯。

● 50多岁的男性——卡米：在践行"消""浪""投"1个月之后，我最大的感受就是家人在家庭理财中的参与度大大提高。在此之前都是我独自记账，但是在客厅里放置三个盒子后，全家人都能参与进来。人人都不是旁观者，我也轻松了许多。

● 30多岁的女性：不知不觉中，我和我的孩子们开始变得更加关注金钱。他们还对笔记本等学习所需的物品、其他必需品更加感恩。我真实地感受到"消""浪""投"不仅是一种家庭理财方式，更像是一种魔法，能够使人的想法发生巨大的变化。

理想的理财分配

（横山）事实证明，只要按照"消""浪""投"理财体系进行正确分类，许多家庭的财务状况都能得到改善。

此外，大家还需要进行月度总结，重视"消费""浪费""投资"在每月支出中的占比。

下面我将抛砖引玉，为大家提供一个理想的理财分配比例作为参考。

如果到手收入为100%，那么在理想状态下，**消费应占70%，浪费占5%，投资占25%**。当然，这个比例根据年收入可能会有所出入，但能够接近这一比例是最理想的。

假设每月到手收入为30万日元。那么消费应为21万日元，浪费应为1.5万日元，投资应为7.5万日元。

这个分配比例的设定依据是什么呢？

首先，我们认为每月的"投资"占比至少应该达到25%。

其实，投资里包含了储蓄。我个人建议大家将投资的三分之二用于储蓄。

这样的话，储蓄为收入的16.7%，也就是六分之一。每个月

上班族的财务自由计划

"消费""浪费""投资"
理想的理财分配

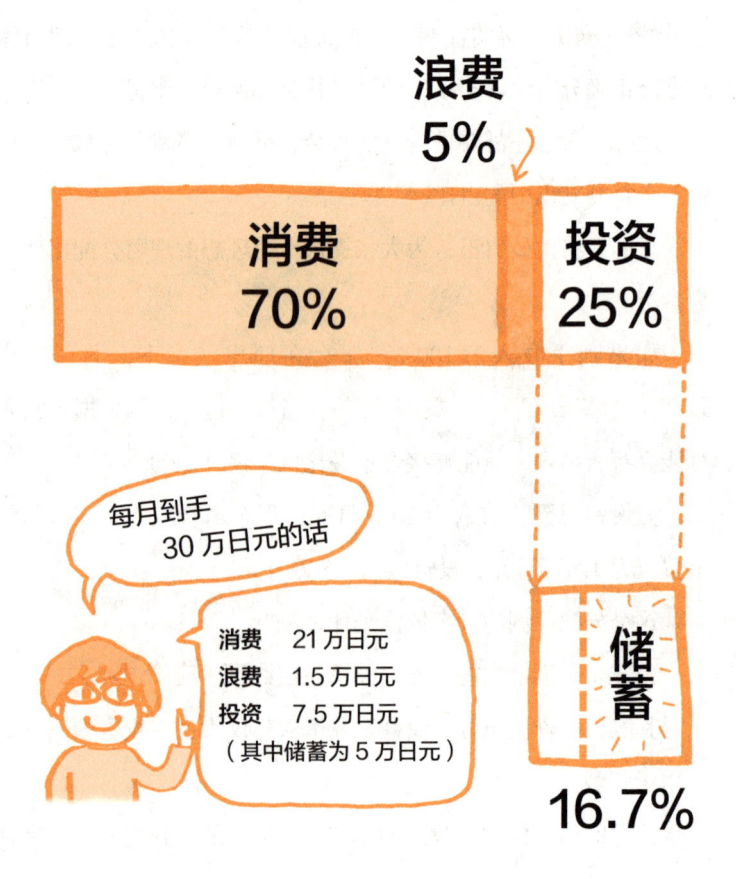

浪费
5%

消费
70%

投资
25%

每月到手
30万日元的话

消费　21万日元
浪费　1.5万日元
投资　7.5万日元
（其中储蓄为5万日元）

储蓄

16.7%

024

的收入都能存下六分之一，半年下来就能存 1 个月的工资，1 年就是两个月工资，连续 3 年的话就能存下 6 个月工资。

建议刚入门的理财新手朋友**给自己定一个小目标，先存下半年工资**。

为什么要把存钱目标初步设定在半年呢？那是因为就算公司裁员等突发事件使你丧失经济来源，你仍然有半年的收入可以支撑你逐渐东山再起。

这算是一种保障性资金，能够在突发状况下为你提供支撑。

有了这份保障，一旦失业，你也拥有足够多的缓冲时间去选择一条适合自己的道路，而不是迫于生计，病急乱投医地投身下一份工作，做出后悔的选择。这是一份保障，也是一份相当具有前瞻性的投资。

此外，还建议大家将剩下的 8% 进行"**主动投资**"。

与储蓄等将钱存起来的保障性投资不同，主动投资更鼓励你把钱花出去。比如，用于孩子们的补课费和兴趣班、发展自己的兴趣爱好、读书、家庭外出聚餐、礼尚往来、进行一次有意义的旅行等。

包括保障性投资和主动投资在内，投资占比应为总收入的 25%。

如何进行投资很重要，希望大家远离"投资讲究多多益善"这一误区。

有人可能会将40%的收入都用来投资，但是仔细想想，那些美其名曰"拓展人脉"的交际应酬，一旦超过限度，还能算得上是投资吗？对此我深表疑问。

还有人说"我正在学习英语、意大利语和中文"，但如果只是三天打鱼两天晒网的话，那学过的东西你又能真正掌握多少呢？

那些真正成功存下钱的践行者从不企图一步登天，而是踏踏实实一步一个脚印，一次只做一件事情，静待目标的实现。

这也就是为什么包括储蓄在内，最佳的投资占比应为总收入的25%。

你应该**有选择地进行投资**，不要使投资的钱打了水漂。

如果投资占比达到了40%的话，那消费占比最多就为60%。**通过削减生活必要开支的方式来投资，这一行为本身就属于本末倒置**，结果自然不会如愿以偿。

然而，总收入不同，同比例的具体金额也大不相同。

如果你的月收入为100万日元，即使消费支出最大值为60万日元，你也能过得很滋润。在这样的情况下，对投资占比进行相应调整是可行的。

事实上，如果你的收入增加，那么"消费""浪费""投资"的占比可以分别调整为 60%、5% 和 35%，投资占比可以更高一些。以我个人的经验来看，建议年收入达到 800 万日元的家庭保持 5%"浪费"的占比，将"消费"占比控制在 60% ~ 65% 之间最为适宜。可以控制消费浮动的部分，适当提升"投资"的占比。

投资是存钱的关键。因此，最开始就要将"投资"占比保持在收入的 25%。

而下一步就是使"浪费"占比稳定保持在 5% 左右，缩衣减食将其控制到 2% 反倒没有必要。这样一来，剩下的"消费"占比就能达到 70%。

所以，让我们从现在开始试试将消费支出控制在 70% 以内吧！

这真的是投资吗

（伊豫部） 在横山式理财思维中，投资、浪费、消费三者重要性的先后顺序分别为：投资→浪费→消费。

随着收入的增加，"消费"和"浪费"的支出也越来越多，容易带来"花钱如流水"的错觉。但令我无比佩服的是，能够存到钱的人实际上将这笔钱用在了投资上。

因此，我们需要培养理财思维，时常思考一个问题：什么是投资？

（横山） 请注意"消""浪""投"的判断方式。入门阶段可以凭借直觉去判断，但长此以往则会弊大于利。因为这样的习惯一旦养成，就很难改变，最后就会开始敷衍、糊弄。在我看来，这比一两次浪费所造成的问题更大。希望大家**能够将最基本的原则铭记于心**。

经常有人容易形成思维定式，不经任何分析就一味地认为花在点子上的钱是投资，而轻易花出去的则是浪费。其实这样根本不能带来任何成长。

这可能很乏味，但如果每次都不仔细验证思考的话，你就无法做出改变。

无论是身体、生活还是价值观，1年前的你和现在的你都大不相同。所以，如果忽视实际情况，只是按照以前设定的规则按部就班理财的话，就无异于自暴自弃。希望大家每一次都能用心践行"消""浪""投"理财体系。

（伊豫部） 那究竟要如何正确区分"消""浪""投"呢？想必你一定一头雾水。这就是为什么我们有时会放任自流，按照以往的惯例行事。

节目播出时，我们也收到了许多观众来信，大多数都是关于"消""浪""投"分类的询问。比如说："为了提升自己而买的英语教材属于哪一类？""和孩子一起去游乐园呢？""和其他妈妈的下午茶社交又属于哪一类呢？""能够激励自己的漫画呢？"这些信件几乎都发出了同一个疑问："这不是浪费钱，是一种投资，对吗？对吗？对吗？"

虽然被归类成浪费并无可厚非，但还是期待自己的某种支出行为能够被视作投资——这样的心情我十分能理解。

当我结束了一天的工作，拖着疲惫的身躯走在回家的路上时，我也会慢慢悠悠地走进便利店，买上一个裹满了鲜奶油的蛋糕卷。

"这算是浪费钱吗？但我今天工作那么努力，这可以算是给自己的奖励，鼓励自己明天也好好工作。嗯，所以是投资。"明明一开始还在纠结是否属于浪费，最后却直接跳过了消费，升级到了投资。这样的情况时有发生。

就这样，我给自己立了一个"乐观向上，努力工作"的人设，并信以为真地美美睡去。

（横山）在我看来，你不应该把能使自己感到放松舒适的消费视为一种投资，因为我们无法验证这种所谓的"投资"的有效性。说到底，这还是一种浪费。

（伊豫部）这样吗？突然感觉自己的形象一下跌入谷底，变成了"区区便利店的廉价甜点就能搞定的寂寞女人"。我不喜欢这样，我想肯定自己。

（横山）无论是好是坏，我们都要学会接受自己真实的样子。

（伊豫部）我觉得自己也是一个意志力薄弱的人，所以像刚刚那种即使只是买个150日元的甜点也要拼命在脑海里给自己立人设的心情令我感触很深。

如果你对真实的自己不够了解的话，很可能会在前进的路上迷失方向。

"我是一个即使沮丧也能积极乐观面对生活的女人。"如果你对自己有错误的认知，那么你就有可能会以投资之名花光所有的钱。

"我是一个一遇到不顺心的事就马上跑去吃甜食的女人，所以特别容易打着'节俭'的旗号购买 150 日元的便利店廉价甜点。"而如果你对自己有清楚认知的话，有时候就能悬崖勒马，避免冲动消费。

（横山）没错，就是这个意思。"消""浪""投"理财体系诞生的初衷就是为了帮助大家了解真实的自己。所以，即使在此之前有许多冲动消费，浪费了很多钱也没有关系，反而这正意味着你有很大的进步空间。

（伊豫部）可是，如果将此类行为定义为"浪费"的话，为了今后有所改变，不就必须得停止吗？对于我这种意志力比较弱的人来说，真的太煎熬了。

（横山）是不是忘了存钱的初衷呢？难道不是因为想要存钱，才主动采取措施的吗？

（伊豫部）这句话真是直击心灵。

仔细想一想，其实我和千万人一样都有一个朴实的梦想，那就是建一幢属于自己的多功能独栋住宅。

从这个角度出发的话，享受一个美味的蛋糕卷就是浪费钱，因为它对这个梦想的实现毫无裨益。

而如果我存钱的目的是"在事业上大展宏图"的话，蛋糕卷能够抚平我工作失意时的伤痛，帮助我重整旗鼓，在这种情况下，它就能被归类到"消费"之中了。

当然，吃了这个蛋糕卷工作就能顺风顺水了吗？蛋糕卷对工作带来的成效是无法量化的，所以也很难被归类到"投资"。

我好像懂了！实现梦想是理财的最终目的，所以并不能使我们离梦想更近一步的消费行为都可以归类为"浪费"。

（横山）我认为关键点在于准确把握自己设定的目标，并进行严密的思考分析。

比如，如果你存钱的目的是为了出国留学，那么与上司的酒局尽管是改善工作环境与人际关系的必要条件，但这笔支出与出国留学毫无关系，因此，在这种情况下，它就不能被称为"投资"。

另外，英语教材可以是"投资"，但1个月后，如果发现它们不适合自己，并不能起到作用，那么就应该把它们重新定义为"浪费"了。

正如我以前一直说的那样，浪费并不一定都是坏事。诚然，无节制地挥金如土不可取，但占总收入5%之内的浪费是正常的，或者说是有必要的。

当然，超出这个范围也没关系。无论有多么想存钱，学会享受当下的快乐也很重要。

（伊豫部）也就是说，在疲惫不堪、心情低到谷底的时候，如果蛋糕卷能够使自己感到幸福，哪怕只有一点点，即使明知这是"浪费",无须找任何借口也能问心无愧地买个蛋糕卷来犒劳自己。

（横山）我之所以严格践行"消""浪""投"理财体系,是因为这是一把标尺,能够帮助我准确区分"合理的消费需求"与"冲动的消费欲望",即**"买这个东西是因为我需要,还是只是因为我想要？"**,而这恰好是理财中最重要的基本原则。

现在请大家观察一下眼前的东西。想必在购买的那一刻都觉得它们是必需品。然而,如果重新整理衣柜、鞋柜、冰箱、厨房、书柜、电视柜的话,也许不难发现,到处都是冲动消费的产物。

这个结果也许有些令人意外,事实上,我们的消费行为大多数情况都是在冲动与欲望的驱使下产生的。

据说,美国金钱教育的第一课就是教学生对"合理的消费需求"与"冲动的消费欲望"进行区分。无论如何先从两个选项中做出选择,这能帮助学生形成正确的价值观。

当我听到这个故事时,心想:"糟糕！我自己都做不到。"

不仅仅是我,可能对于每个无法存下钱的人来说,这都是一个难以抉择的问题。

相反,能存下钱的人刚开始可能会犹豫,但他们能够根据自己的价值观来区分"我需要"和"我想要"。

在能存下钱的人当中,有的人会用蓝、黄、红三种颜色记账本进行标记，有的人则会在消费金额的右下角打"○"或"×"。

当被问及为何要这么做时，他们表示总是不自觉地想要对每笔支出进行记录。此外，他们还清楚地记得每笔消费的具体情况，比如"这笔钱花得划算""这笔钱花得不值"等。从中我们可以得出结论，能存下钱的人都有一套自己的记账体系。

有人曾这么说过："必需品，是不具备生产性，无法进行再生产的东西（也就是'消''浪''投'理财体系中的'消费'）；想买的东西是具备生产性，并且以后能为自己提供帮助的（也就是'投资'）；反之，明明毫无意义却找遍借口想买的东西就是'浪费'。"

在这套理论中，想要的东西被直接定义为"想要"，这样直截了当的做法令我震惊。

当我们想要什么东西的时候，我们总是下意识地认为这是坏事，从而倾向于去否定"想要"的念头，但这个人毫不遮掩"因为想要所以买了"的真相，直截了当地给想要的东西贴上"想要"的标签，愿意承认自己的欲望。

在形成价值观后，坦诚地接受现实是至关重要的。我就是基于这一基本原则，创立了"消""浪""投"理财体系。

因此，"浪费"并不意味着"乱花钱"。如果你想尝试一些新事物，看到了喜欢的东西，或者想要的东西，为何不试着在理解它是"浪费"性支出的前提下进行呢？

随着年龄的增长，人们更善于用各种理由与借口来维护自身行为的合理性。

而只有我们坦诚地接受事物本来的面目、接受真实的自己时才能成功。

你在对"我需要"与"我想要"进行彻底分析之后，就能真正领悟这一真谛。

设置专用的"浪费钱包"

（伊豫部）我有一个压箱底的"大招"，对"消""浪""投"理财体系来说是锦上添花——那就是设置一个专用的"浪费钱包"。这个想法起初是从横山的妻子博美那儿学来的。除了家庭钱包外，她还有一个印着卡通人物美乐蒂的红色束口大钱包，里面密密麻麻放了一大堆零钱。设置这个钱包的初衷是为了解决零钱占地方的问题，零钱使得家庭钱包变得臃肿不堪，所以干脆重新给它们找个安身之所。

"浪费钱包"里的钱可以随心所欲地花。当孩子想要扭扭蛋的时候或者想在自动贩卖机买杯咖啡的时候，都可以毫无顾忌、毫无压力地使用里面的零钱。

因为装的是零钱，所以即使随意花出去了也无须担心会造成较大的负担。可以说，这是能让人释放压力的钱包。

等等！仔细想想的话，所谓"浪费钱包"，不就是仅仅将零钱挪了个位置吗？钱的总额并没有因此发生改变，从"浪费钱包"里花出去的钱，最终还是要从家庭钱包中扣除的。

明明是换汤不换药，那我们为什么还要分开使用呢？

面对我的疑惑不解，博美给出了答案："如果不分开的话，当某天你仅仅只是想喝一杯咖啡的时候，却会在潜意识里给这一行为贴上'浪费'的标签，从而带来心理上的负罪感，慢慢地，自制力这根弦就会越绷越紧。但凡有一天，这根弦断了，你又会毫无节制地花钱。"

这也就是为什么我们需要一个专用的"浪费钱包"，它能让你**坦坦荡荡地去"浪费"，去满足自己的需求。**

有了"浪费钱包"就无须担心琐碎的日常开支。这一点对我很有吸引力，很快我也开始了这一尝试。

作为一名资深的"外貌协会"成员，我选择从工具入手，网购了一个当时十分流行的迷你钱包。说实话，一开始我心里十分没底，担心达不到预期的效果反而浪费了一个钱包。

但践行了 1 年后，我取得了不错的成效，也切实地感受到这给我的消费方式所带来的巨大改变。

我习惯每个月记一次账。记账时发现自己每月在咖啡和茶水等方面的开销大概有 3000 日元。根据这一数额，我将每月的"浪费预算"也设定为 3000 日元，供自己随意支配。平时，当钱包里的零钱达到一定数量时，我会把它们转移到家中的抽屉里保存起来。等到月初的时候，再从抽屉中拿出 3000 日元的零钱放进"浪费钱包"之中。

当然，这并不能增加财富，充其量也不过是换个地方存放钱罢了。

但奇怪的是，自从这么做以来，我就再也没有浪费任何钱，甚至在第 1 个月还剩了 1700 日元。值得一提的是，我并没有刻意为此削减消费支出。

受"浪费钱包"这一名称的影响，我在使用它时会下意识地想到这是一种浪费，所以有时我就会阻止自己："现在是在乱花钱，我可以忍住。"

这样一来，不必要的浪费就大大减少了。虽然"不必要的浪费"听着像是一个病句，但这就是我的真实感受。

当我偶尔从"浪费钱包"里拿出钱来买一个美味的布丁时，那一瞬间的欢喜雀跃是前所未有的。而且，因为每月已经提前设定了 3000 日元的浪费预算，所以我根本不需要在账本上记上这一笔。

这使我获得了一种前所未有的解放，也真正感受到每一笔"浪费"支出的价值所在。像冬季外套这样的大笔支出暂且不论，可如果连琐碎的浪费性支出都要一次一次做好心理建设的话，那压力是十分巨大的。

"浪费钱包"这一妙招不仅可以帮助我们减轻心理压力，还能让我们形成制止浪费的潜意识。

前一段时间，我去大阪出差 1 个月。出差期间，我的浪费性支出稍微超出预算，所以后来将预算提升至 4000 日元。因为我知道有些特殊情况下会产生临时性支出，所以即使超出预算也能欣然接受。

在大阪出差的后半个月里我自带随身杯，用它去泡酒店免费供应的茶包。

这么做的一大好处就是能够不受负罪感与压力感等情绪的干扰，正确地捕捉个人的浪费倾向。

这样的做法是否有用因人而异，但我认为越较真的人采用效果越好。

另外，这一方法也非常适合有强迫症的人。因为他们十分追求完美主义，即使乱花一点钱也会忍不住责备自己，或者对自己失望从而突然失去动力。

不仅如此，这种做法对意志力比较薄弱、禁不起诱惑的人也十分有效。因为当他们看到钱包里装满了沉甸甸的硬币时，说不定会舍不得把钱花出去，从而实现冷却消费欲望的效果。

虽然只是区区 3000 日元，但如果能够真正养成这种理财思维的话，人生就会变得不一样。所以，我强烈推荐大家也去设置一个属于自己的"浪费钱包"。

第二章　花钱的秘诀

什么才是真正的"超值"

（伊豫部） 横山一直通过"消""浪""投"理财体系去不断探寻对自身价值观的清晰认识。

其中一个原因是，世界上铺天盖地的信息会让我们误以为这是"千载难逢的好机会"。

如果不提高警惕、加以防范的话，就会随波逐流，逐渐陷入消费陷阱。而且，如果你尚未形成自己的价值观，过度追求"超值"的话，反而会造成严重的浪费。

让我们通过几个实际案例来体会一下"超值"消费陷阱的套路吧！

如果要买鸡蛋、大米和包菜的话，你会选择哪家超市呢？是左边的 A 超市还是右边的 B 超市？

换句话说，你认为哪家超市的价格最划算？

这是早稻田大学文学院心理学系的竹村和久教授在"朝一"节目中开展的一项心理学实验。测试对象是 10 位性格迥然不同的家庭主妇。其中既有公认的"奢侈女王"，也有坚定不移的"节

第二章 | 花钱的秘诀

哪家超市更超值？

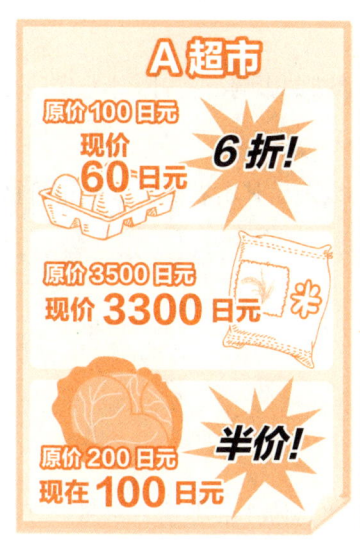

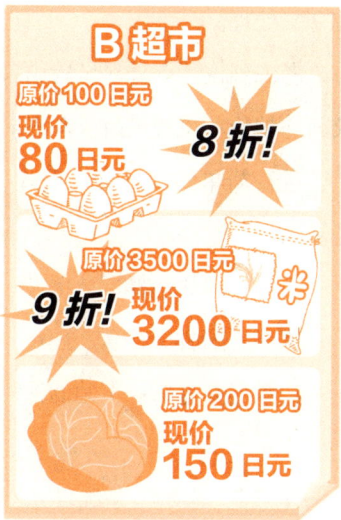

A 超市
- 原价 100 日元 现价 60 日元 **6 折!**
- 原价 3500 日元 现价 3300 日元
- 原价 200 日元 现在 100 日元 **半价!**

B 超市
- 原价 100 日元 现价 80 日元 **8 折!**
- 原价 3500 日元 现价 3200 日元 **9 折!**
- 原价 200 日元 现价 150 日元

使用眼动仪探究消费者在接触广告时的决策过程：
以超市传单折扣展示为例
井出野尚，大久保重孝，玉利祐树，伊豫部纪子，村上始，竹村和久
《感性工学会论文志》第 13 卷，533-541，2014

约达人"。

左侧的 A 超市传单上有着明显的"6 折""半价"字样，三样商品的折后总价为 3460 日元。右侧是看起来折扣率较低的 B 超市，其折后总价为 3430 日元。（原价为 3500 日元的大米折后价为 3200 日元，折扣力度没达到 9 折，为方便比较，此处统一按 9 折处理。）

考虑到位置差异对试验结果造成的影响，我们将半数实验对象面前的传单位置进行了左右对换。

进行简单的加减计算后你会发现，其实右侧的 B 超市价格更优惠。

但是小瞳却选择了 A 超市。这又是为什么呢？

这就是陷阱所在。

让我们来分析一下她的视线移动路径。

"6 折""半价"是她目光停留时间最长的地方。虽然也有在表示价格的数字上停留，但仅仅是扫了一眼而已。

这就是**"折扣率陷阱"**。人们在进行商品比较时，比起实际的差额（即价格绝对值的差），往往会选择折扣率（即变化幅度）作为判断基准。这就是所谓的韦伯-费希纳定律，"折扣率陷阱"正是抓住了人们的这一心理。

以"绝不购买无用之物"而闻名的超级家庭主妇井田女士也

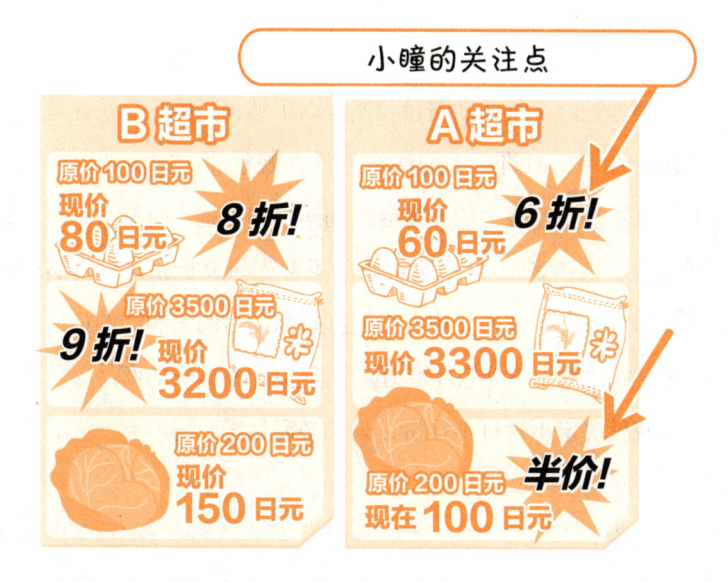

第二章 | 花钱的秘诀

小瞳的关注点

B超市
- 原价100日元 现价80日元 8折!
- 原价3500日元 现价3200日元 米 9折!
- 原价200日元 现价150日元

A超市
- 原价100日元 现价60日元 6折!
- 原价3500日元 现价3300日元 米
- 原价200日元 现在100日元 半价!

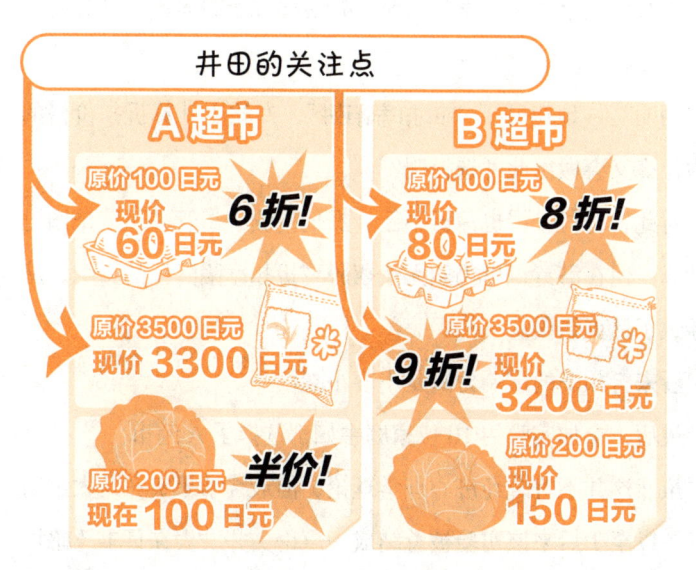

井田的关注点

A超市
- 原价100日元 现价60日元 6折!
- 原价3500日元 现价3300日元 米
- 原价200日元 现在100日元 半价!

B超市
- 原价100日元 现价80日元 8折!
- 原价3500日元 现价3200日元 米 9折!
- 原价200日元 现价150日元

受邀参加了实验。

根据她的视线移动路径我们可以了解到，她只是快速地扫了一眼折扣率，而将更多的注意力放在观察商品的实际价格变化上。真不愧是超级主妇！事后经询问得知，她当时是边浏览边计算总额。她还表示："平常我一般不会先研究折扣传单再出门购物。因为如果一开始就抱着抢购打折品的目的去购物的话，最后除了这些之外，肯定忍不住还会买其他并不打折的商品。所以一开始我就决定不管打不打折，只买必需品。"

然而，令人震惊的是，即使是如此冷静、理性的井田女士，当被问及会选择哪家超市时，她居然和小瞳做出了同样的选择——A超市。

明明巧妙地避开了"折扣率陷阱"，专注于计算折扣价格的她为什么又会做出此种选择呢？

对此，竹村教授也惊讶不已。据他推测，尽管井田曾试图进行计算，但在潜意识里仍然无法摆脱"折扣率陷阱"的影响，从而导致了计算错误。

看来折扣率的影响力真是不容小觑。

最后，参加实验的10位家庭主妇都选择了A超市。

虽然这并不符合经济心理学理论，但最终结果实在是太过精彩了，以至于后来该实验被总结成一篇论文并发表在日本《感性工学会论文志》上。

其实，我自己就曾经掉入过"折扣率陷阱"之中。

当时我刚买了一套公寓。室内设计师问我要不要"顺便购买"一张地毯，并表示"只要"10万日元。

现在回想起来，"顺便购买""只要"等措辞其实十分古怪，但刚刚斥千万巨资买了一套房子，相比之下就产生"10万日元也并不是很贵"的错觉。最后我竟然鬼使神差地接受了他的建议，并对他说："只要这点钱的话，那就买吧。"天呐，我到底做了什么？！

的确，与3000万相比，10万仅占0.3%，并不算什么巨资。我就是被这样的"占比"所迷惑，看不清自己真实的承受能力，还天真地认为这并没有什么好担心的。

看了下一页的例子后，也许你就会对折扣率所带来的影响有更深刻的了解。

牛肉乍一看似乎更优惠。事实上，牛肉虽然是半价，但只便宜了1000日元，而夹克衫却便宜了1200日元。一番对比过后，我们不难看出其实夹克衫更优惠。

对此，有些人也许会认为："不，折扣率仍然很重要。虽然有时折扣率高的商品的折后价格略逊一筹，但成倍的优惠力度能够带来成倍的快乐。"

牛肉
2000 日元

半价

1000 日元!

夹克衫
12000 日元

9 折

10800 日元!

可仔细思考之后你会发现，打折后所节省下来的钱才会对未来的自己有益。想想看，把这份钱花在投资上难道不是更有价值吗？也就是说，只有最终价格才是购物时的决定性因素。

所以，我迫切地想在"朝一"的录影棚里让大家亲身领悟一个道理：如果没有形成自己的价值标准，就很容易陷入消费陷阱，买不到真正实惠的东西。

当时我们假定了一个情景：为将要举办的家庭聚会前去超市采购。来到超市后发现原价 1500 日元的牛肉打完折后是 1000 日元，原价 12500 日元的红酒打完折后是 12000 日元。对此，嘉宾们一致认为牛肉更划算。

这时，主持人塚原先生却提出了令人意想不到的反对意见："可是二者的具体折扣金额是一样的，都是 500 日元。"

嘉宾水道桥博士又继续补充道："真正精打细算的人不是只会买 3000 日元左右的红酒吗？12000 日元的红酒本身就不在考虑范围之内。而且，作为一个节俭的人，我根本就不会去享受牛排这么奢侈的东西。"

……真是一语中的。

实际上，"因为划算而购买"这一行为，就是人们在尚未形成自己的价值判断时受价格陷阱摆布的一种表现。

不愧是"朝一"的出场嘉宾，大家都十分厉害，对此我甘拜下风。

此外，值得一提的是，无论折扣力度有多大，以井田女士为代表的超级主妇永远只会买必需品，并且不会过度囤货。

有时，即使补货不及时带来一些不便，她们也只是将其当成一种特殊的体验淡然面对。所以，无论折扣力度有多大，只要家里还有，她们就绝对不会购买。

这不仅仅适用于那些容易变质腐烂的蔬果食材，像日用品等保质期长的物品也是如此。

这其实不无道理。那些暂时用不到的物品不仅占地方，而且在被使用之前是完全没有任何价值的。与其如此，不如将它以钱的形式进行保存。没有钱买不到的商品。当你需要补货的时候，只要有钱就可以买到。

对此，横山又有什么看法呢？我本以为他会推荐大家巧妙地"薅羊毛"，因为"成套购买能打9折，更实惠"。但令我意外的是，他的想法竟然和超级主妇们出奇地一致。

其实，这并不难理解。因为无论你买的东西有多便宜，一旦家里的存货变多，使用的时候往往就会大手大脚，最终导致浪费。

比起眼前的"实惠"，我们更应该密切关注当下是否真的有如此迫切的购买需求。为了存钱，我们必须不断地打磨具有个人特色的消费思维。

我认为，只有这样的人最终才能存得下钱。

哪个更优惠?

✗ 折扣率高

◎ 折扣金额多

✗ 因为便宜,即使暂时用不到,也会买很多以备不时之需

◎ 只在有需要的时候才购买

随时出现的危机

🙂（伊豫部）即使我们下定决心想要努力避免浪费，可现代社会到处都充斥着能够麻痹理性、刺激消费欲望的诱导手段。

此外，我们还生活在一个购物十分便利的时代。信用卡降低了消费的门槛，即使你手头没有钱，还是能够买下想要的东西。

VISA的一项研究表明：在日本，近8成的人都用现金支付，银行卡、电子货币等无现金支付方式仅占2成。

而在美国，仅仅是信用卡就占整体消费方式的36%。可以说日本人是不折不扣的"现金派"。

为了满足外国游客的需求，日本政府正在带头推动全日本无现金化。

在消费越来越便利的当今社会，牢牢坚守自己的消费价值观十分重要。如果你无法做到这一点的话，就有可能在不知不觉中陷入过度消费的陷阱。而且这个陷阱往往比你想象的要厉害得多。

举一个例子，如果你手头没有钱却想买东西，想得到积分、免费的保险，或者是免费享受机场贵宾室，那你应该怎么做呢？

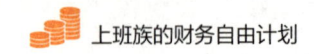

很简单，只要有一张信用卡就好！就是这么优惠与便利。

在当今社会，一般来说，只要你不是刻意限制自己不去办卡的话，都会有信用卡。

大多数人认为，因信用卡贷款而负债累累实在是太愚蠢了，这样的事情绝对不会发生在自己身上。

曾经我也是这么想的。但很可惜我并不能置身事外。当发现丈夫的信用卡背负了巨额债务时，我震惊到一时说不出话。

充满便利与实惠的日常生活中总是潜伏着一些我们很难意识到的危险。横山认为，**现代人对信用卡的危害毫无防备之心。**

他的许多客户都负债累累，面临着严峻的财务危机。

其中，有许多人用信用卡随意挥霍，回过头来才意识到自己已经欠下数十万，甚至数百万日元的债务，最终导致入不敷出，连基本的生活都无法维持。

可能是我的见识还停留在昭和时代，面对这样的描述，我往往会联想到耳朵上别着一支红铅笔的赌徒、因虚荣心作祟而疯狂购买奢侈品或对俱乐部的男公关用情过深的女性。

事实上，大多数陷入信用卡债务危机的都是认真经营生活的普通人。他们都觉得过日子应该脚踏实地、精打细算。

横山再三强调："他们绝对不是会受欲望驱使的人，也绝对没有过着纸醉金迷的堕落生活。如此老实本分的他们却因为一条小小的导火索而一失足成千古恨。所以,这样的悲剧很有可能在我们每一个人身上重演,没有一个人能够置身事外。"

小A今年30多岁,曾经在横山的帮助下顺利解决了财务危机,生活又回到了正轨。她与我们分享了那段深受信用卡债务折磨的痛苦经历。

在父母的严格管教下,她从小就形成了正统的金钱观,曾经还想努力存钱出国留学。

可就是这么朴素、从不乱花钱的她开始沉迷于信用卡消费,回过神来才惊讶地发现已经欠下高达270万日元的债务。

这一切的导火索看似平平无奇:比如在地下商场买一些零食小菜,买一件衣服或者是往返交通卡等,这些其实都是没有信用卡也能买的东西。

起初她也没有想那么多,觉得如果能刷信用卡的话那就刷卡吧!还可以积分呢!仅此而已。

这些看起来似乎都是稀松平常的事情。

可是,慢慢地她就忘记自己买了哪些东西。这是因为在用信用卡支付的时候,眼前的钱并不会相应地减少。

等到收到账单的时候,却意外地发现还款额竟然比自己所预想的多了数倍。

尤其是用信用卡垫付差旅费之后,收到催款账单一看,发现居然花了这么多钱。这令她焦虑不已。

为了不影响扣款,要在还款日前把这笔钱提前存在账户里。而这也就意味着日常消费不得不再用信用卡支付。这就像滚雪球一样越滚越大,形成一个恶性循环。

虽说信用卡十分便利,但总有需要现金的时候。

当为了公司聚会而用信用卡套现时就会产生一种错觉,以为信用卡额度就是自己的存款,而套现等同于从银行取钱。

当套现金额高达一半工资时,就不得不选择分期付款。

小A表示:"分期付款允许每月只还固定数额,乍一看似乎是一笔好买卖。但我知道还款期越长,利息和手续费也会相应变高,长期下来是一笔赔本买卖。所以一开始就对这种形式没有好印象。"

然而,受消费主义的影响,对那时的她来说,钱的主要作用不是用来买想要的东西,而仅仅是一种支付手段。所以,为了凑够钱,除了分期支付之外,她别无选择。

最后,她变得十分抗拒账单的到来,拿到手后会立马将其扔掉。

即使债务不断增加,但每月的还款额是固定不变的。所以她就决定眼不见心不烦,开始自欺欺人,甚至出现严重脱离实际的幻想,想着欠了那么多钱也没关系,有朝一日只要中了彩票就能全部还上。

在接待小Ａ之前，横山仔细翻阅了她的贷款明细，发现她在三家不同银行的信用卡欠款总额为 270 万日元，每月固定还款金额为 45000 日元。其中，包括 33000 日元的利息。这简直就是一个无底洞！

在这样的情况下，小Ａ越是认真努力偿还贷款就会陷得越深。而正是因为她那正统的金钱观，她完全没法看清"债务像滚雪球一样越滚越多"的现状，总是以为那样可怕的事情不会发生在自己身上。

这跟女生们明明已经吃饱了却把"甜点不占肚子"挂在嘴边，向小蛋糕展开猛烈攻击是同一回事。这使我切实地感受到，即使再老实本分的人恐怕也很难逃过信用卡负债危机的魔爪。

现在小Ａ终于意识到，钱并不是用来还债的，应该将其用在有意义的事情上。她对这样的美好生活充满了向往。

在当代社会，办理信用卡并非难事。但我们应该在充分了解信用卡的运作机制以及可能会给自己心理方面带来的影响之后再决定是否要办卡。

舍弃无用的卡

🧑（伊豫部）那么，你又有几张信用卡呢？

"朝一"节目组曾以 3890 人为对象进行了问卷调查。调查结果显示，每个日本人平均拥有 3.1 张信用卡，有 23% 的人拥有 5 张以上。这一结果令人吃惊。其中，大多数都是家电专卖店、超市、药妆店独自发行的卡或者联名卡。

当被问及使用信用卡的目的时，街上的路人受访者坦诚地表示是为了积分。因为经常去的店有促销活动，只要办卡就能获得一定积分，于是在工作人员的劝导下就办了卡。

全职主妇知惠在接受采访时表示："我一共有 7 张信用卡。童装品牌 1 张，超市 2 张，加油站 2 张，杂货店 1 张，百货商店 1 张。卡多了的话，不知不觉就会过度使用。"

针对知惠的困惑，积分门户网站"积分探险俱乐部"的创始人菊地崇仁先生给出了建议。

在此之前，先介绍一下菊地的具体情况。他 30 多岁时就在东京市中心建了一幢高级别墅。与此同时，他还是一个超级奶爸，负责照顾 2 个儿子。他的家乡在北海道，每次归乡的机票都是用飞行里程免费兑换的。位于市中心的高级住宅同时也是他的工作室，里面的装潢美得让人误以为走进了画里。

他有一个专门的信用卡箱，里面装了 40 张信用卡，上到黑卡、铂金卡、黄金卡，下到普通卡，应有尽有，真是令人钦羡不已。

然而，信用卡大户菊地却给了知惠这样的建议——"**想要存钱的话，1 张信用卡就够了**。为了积分的话，1 张也是最佳选择，最多不能超过 3 张。"

也就是说，我们需要将信用卡精简到 1 张。如果那是超市的信用卡的话，除了在该超市购物之外，在其他超市、杂货店或者是加油站，甚至是缴纳水电费等公共费用，也统统用这 1 张卡支付。

事实上，菊地是因为工作需要才办了这么多信用卡，而他个人平时常用的卡只有 2 张左右。

听完这番建议后，知惠感到十分惊讶。在此之前，她一直认为自己是轻松玩转信用卡的高手，并且为此感到十分自豪。

菊地计算了知惠的消费额度以及所能获得的积分后发现，比起分散使用 7 张信用卡，用 1 张超市的信用卡去支付的话能获得更多积分，优惠力度也更大。

菊地还补充道："即使分散支付更划算，还是建议大家只留1张信用卡。"

这又是为什么呢？

如果你同时拥有两家超市的信用卡，那么你就会下意识地觉得不花掉办卡时赠送的折扣券或者不去参加赠送加倍积分的促销活动就亏大了。这就增加了前往超市购物的频率，不知不觉就会买很多没用的东西，增大了信用卡过度使用的风险。

对此，知惠也十分认同。

此外，为了最大限度地利用好信用卡，我们往往会提前关注打折日期、思考使用哪张卡更划算——这其实是一种心理负担，而如果有两张卡的话，那心理负担也相应地翻倍了。这会大大降低我们消费时的判断力。

那么，如果只能留1张信用卡的话，你会如何进行取舍呢？

"朝一"节目组基于菊地的建议制作了一份表格，希望能够帮助大家做出更好的选择。

如果你在交通上花费最多，那就在航空公司或轨道交通公司发行的信用卡中选择1张使用频率最高的。

如果水电费、公共费用的占比最大，那么就依据第二大占比的分类来选择，或者选择1张无论在何处购物都能获得更多积分的卡。然后，都用同一张卡支付，将所有积分整合在一起。

第二章 | 花钱的秘诀

在这里填上每月的相应支出

家庭开支分类表

项目	金额
水电费、公共费用	15000 日元
交通费	20000 日元
百货商场	62000 日元
超市	45000 日元
网购	18000 日元
杂货店、药妆店	5000 日元
油费	10000 日元

填入不同消费分类的月度支出，然后选择支出最多、性价比最高的卡吧！

从该表格中可以发现消费支出最多的项目是百货商场，所以我们就保留百货商场的信用卡。

061

菊地可谓是积分研究领域的专家，每张卡在他手上都能够物尽其用。他每次刷完卡之后都一定会在网上查阅消费明细。

这样做是为了充分把握还款时间，而且他是严格按照自己设定的预算进行消费，所以即使是用信用卡支付，也不会出现滥用的情况。

相反，对那些不提前做预算、想购物时就一个劲儿刷信用卡的人来说，信用卡是十分"危险"的。

原来用信用卡还有这么多门道，真是令人叹为观止。

确认自己名下信用卡的数量十分重要。

我曾对 CIC 公司进行了专访。这是一家由信贷公司合资成立的征信机构，曾受到过日本经济产业大臣的认定，符合《分期付款销售法》。

在这里，只要花上一点手续费（窗口办理 500 日元，线上办理 1000 日元），你就可以查询本人的信用卡征信情况。

我也办理了这个业务，本以为自己名下的信用卡只有3张左右，但一查才发现居然有6张。多出来的3张分别是在特卖场购物时、开通银行账户时以及出于求职需要而办的，至今没有用过……这些卡每年都还在正常扣除年费，而我却忘得一干二净！

  我还发现一些意想不到的事情。比如说，在购买了一部与特定运营商绑定的手机后，每月除了话费之外，我们还需要支付一笔为期两年的手机使用费。其实，所谓的手机使用费就是一种固定债务。一旦没有在账户里预存足够费用，就会导致手机使用费无法顺利扣款。这样一来就很有可能影响我们的个人征信，甚至还会导致无法办理住房贷款。所以务必要小心！

可能你也是"易欠债体质"

（伊豫部）仔细回想一下，小时候的暑假作业一般是什么时候完成的？ 暑假的最后一天是不是总在匆匆忙忙地补作业呢？

大阪大学社会经济研究所的池田新介教授表示，这个问题的答案可以反映一个人的信用卡滥用风险。

当我将这则消息转告朋友时，他们十分感兴趣。

"疯狂地补日记，一页一页补每天的天气状况简直是噩梦。"

"只看了书的最后一页就开始下笔写读后感了。"

"我们的暑假作业是种菊花。没办法，只能求爸爸妈妈给我买一盆种好的。没成想花的颜色和其他同学都不一样，这可愁死我了。"

…………

我们一边回顾童年补作业的艰辛，一边捧腹大笑，相互安慰："没办法，我们又不是神仙。"

但在行为经济学家的眼中，比起不疾不徐、按提前设定的暑期计划行事的人，那些在开学前拼命赶作业的人更容易陷入信用卡负债的圈套。

在池田教授的指导下,"朝一"节目组开展了实验,对人们的负债倾向进行了调查。

请试着回答右侧两个问题。

结果如何呢?

先说结论:容易负债的人依次选择了 B 与 A。

为什么会这样呢?众所周知,如果要在 1000 日元和 1400 日元中进行选择的话,当然 1400 日元更划算。

但是,依次选择了 B 与 A 的人的心路历程是这样的:在只有未来才能拿到钱的情况下,他们能够理性地分析计算。然而,一旦涉及眼前的利益,即使同样只相差一周,他们却焦急难待。因为对于这些急性子来说,"忍耐一周"所带来的痛苦远远超出

1

如果一定要在 A 与 B 中做出选择的话,你会选哪个?

A
1 年后获得
1000 日元

B
1 年零 1 个星期后
获得 1400 日元

2

如果一定要在 A 与 B 中做出选择的话,你会选哪个?

A
现在立马获得
1000 日元

B
1 个星期后获得
1400 日元

可以多拿 400 日元所带来的喜悦。

在实验中，大约有一半人依次选了 B 与 A。

信用卡的出现满足了我们当下的每一个消费欲望，这会导致我们失去冷静分析的能力。也就是说，对于这些人来说，信用卡是弊大于利的。

这不禁让我想起了小 A 的经历。她明明知道分期付款需要支付利息，是不划算的，却最终因为分期付款而陷入了信用卡债务危机。

慢着！那两个问题都选择了 A 的又如何呢？论性急的话，他们不是比依次选择了 B 与 A 的人更甚一筹吗？这些人不应该更容易陷入滥用信用卡的危机吗？

针对这一问题，池田先生提出了自己的观点："比起两个问题都选择了在最短的时间内拿到钱的急性子（AA），那些根据时间段做出了不同选择的人（BA）问题更大。"

这是因为在涉及长远利益时他们尚且能够理性分析，意识到"多忍耐一周更划算"。可是当涉及眼前利益时，他们失去了理性思考的能力，毫不犹豫地选择了眼前利益。这种前后矛盾的行为是最危险的。从经济学的角度来说，这是因为对长远利益与眼前利益的选择标准产生了偏差。这就是所谓的"现时偏好"。

第二章 | 花钱的秘诀

1

如果一定要在 A 与 B 中做出选择的话，你会选哪个？

Ⓐ
1 年后获得
1000 日元

Ⓑ
1 年零 1 个星期后
获得 **1400** 日元

2

如果一定要在 A 与 B 中做出选择的话，你会选哪个？

Ⓐ
现在立马获得
1000 日元

Ⓑ
1 个星期后获得
1400 日元

解析！

①A → ②A

不折不扣的急性子

虽然意识到这不划算，但并不后悔

①A → ②B

非常罕见

过分担心未来，因此十分节省

①B → ②A

存在现时偏好

容易过度消费信用卡并且时常后悔

①B → ②B

忍耐力超群

精打细算，绝不过度消费

067

两题都选择了能够在最短的时间内拿到钱的急性子（AA），在面对长远利益的高回报时，仍然能够清楚地认识到自己无法再多等一周，所以在使用信用卡之后会牢记自己背负的债务，也因此不会越陷越深，自然也与那些在不知不觉中陷入债务危机的人大不相同。

这正如上文中横山所建议的那样，只要有清醒的认知，即使浪费一些也无伤大雅。

此外，池田教授的研究显示，存在现时偏好行为的人（即BA）与不存在该偏好的人相比，不仅更容易陷入债务危机、使用小额贷款的概率更高，同时被银行拒绝放贷的可能性也更大。

通过这一实验我们可以发现，缺乏自制力、只看重眼前利益的行为将对一个人产生巨大的影响。

美国科学家曾经做了一个名为"棉花糖实验"的心理实验，十分有趣。

实验对象是一群4~5岁的小朋友。在他们每个人的面前都放了1块棉花糖，并被告知如果能坚持15分钟不吃掉的话，就能再获得1块棉花糖。所以，这些孩子都在努力克制自己一口气吃掉棉花糖的冲动。

有的孩子在生闷气，有的孩子把棉花糖藏了起来假装看不到，有的孩子则通过唱歌来转移注意力。

实验结果是，最终有 7 成孩子无法抵制诱惑而选择吃掉了眼前的棉花糖。

抵制眼前的诱惑确实并非易事。

其实，在孩子们吃掉棉花糖后，真正的实验才刚刚开始。

该实验发生在 1972 年，后来，研究人员对孩子们进行了追踪调查。

他们发现，16 年后，能够忍耐 15 分钟的孩子比无法忍耐的孩子有着更出色的表现。

而在近 40 年后的 2011 年，这样的趋势仍然不变，这两类孩子的人脉与年收入方面的差异也随着时间逐渐体现。

信用卡之外的银行卡

😀（横山）也许听起来很极端，如果你以前从来没能存下钱，并且想在未来真正努力做到这一点的话，那我建议你尝试放弃所有的信用卡。

如果这对现在的你来说难以实现的话，至少你要精简信用卡。

那么应该如何精简呢？

精简信用卡的第一要义就是<mark>不要在欲望的驱使下消费</mark>，努力做到放弃"想要"，只买"必要"。

例如，可以用信用卡来给交通卡充值或者是乘车。因为这种情况下的刷卡行为并不会导致我们频繁地乘坐电车。而且使用信用卡自动扣费的话，每次乘车都会获得相应的积分。另外，使用电子货币支付的话还会获得额外积分，这是非常划算的。

对于不容易混入自身欲望的商品，使用信用卡其实十分便利。在这种情况下，我认为刷信用卡是没有问题的。

但是，与信用卡绑定的电子货币只能用于支付交通费，不能用来买零食或者书等。

如果你经常查阅消费明细，按照支出项目认认真真地在账本上记录的话，那就另当别论了。因为如果信用卡的支付项目全部混杂在一起的话，慢慢地就变得难以打理了。

因此，我建议为信用卡设定专属用途，比如"只用于交通卡充值"，这是最理想的。

此外，像公共费用等必须支付的账单，以及水电费等先用再收费的账单也可以用信用卡支付。

但是，有时直接从银行账户里扣费会更划算，所以请在充分了解后再去办理相关业务。

限制信用卡支付最重要的一个原因是提升消费的清爽性，从而防止无意识的过度消费。

总而言之，如果容易被"反正可以刷卡，买就买吧"的想法蒙蔽双眼，总是在消费时给自己留有余地的话，那就不要使用信用卡。

比如说，假设你去超市时只带了3000日元现金。为了不超支，在购物时你肯定会仔细计算商品的金额，将总价控制在3000日元以内。如果你只带了信用卡去的话，即使已经给自己设定了3000日元的预算，一旦超出预算，你可能会觉得："反正可以刷卡，没什么大不了的。"就这样，信用卡能够轻易改变我们的想法，导致最终又买了预算之外的东西。

我没有信用卡。但有时候，没有卡的话在网上购物很不方便，或者现金不够的话消费也很麻烦。

可别忘了，还有另一种卡跟信用卡功能类似，同样可以积分，但却和现金一样不能超额消费。这就是借记卡。

借记卡是一种实时支付卡，我曾向许多客户推荐了它，反响不错。

借记卡最大的优势在于你可以在几乎任何地方使用它，非常方便，并且实时支付。在你完成刷卡的同时，钱就从你的银行账户中扣除了。

而且，消费后还会收到银行的实时消费提醒短信。或者你可以随时在手机上查看账单，清楚地看到账户余额是如何随着每次消费而减少的。

它的优点在于能够让我们再次意识到一件理所当然的事情——消费之后余额就会减少。

你还可以在便利店、超市使用它，还可以用它去网购。此外，部分借记卡可以获得里程或积分，或按消费金额返现 0.2%~1%。

有趣的是，和信用卡一样，借记卡也有限额。不过借记卡的限额是你目前账户中的资金总额。

如果你提前做了月度消费预算并将这笔钱存进了账户里，那每次消费时你都能实时查到消费记录和余额，1个月花了多少钱也能一目了然。

如果你企图透支，在结算时也会被店员告知余额不足。这样的场景想想就十分尴尬，所以能有效阻止过度消费的发生。

另一方面，只要你的账户里有足够的钱，即使是一辆轿车你也能刷卡买下，一次性付清。与信用卡一样，使用借记卡可以享受无须随身携带现金的便利，所以出国旅游的时候也很方便。

VISA借记卡可以像VISA信用卡一样在世界各地使用，还可以跟当地的卡一样直接取出当地货币。而且，是按照实时汇率进行结算。

如果你用信用卡取款的话，就变成了套现，要收取利息。而用借记卡则是纯粹把账户里的钱取出来，不需要支付任何利息。

此外，在国外旅行时使用信用卡的一大缺点就是提款时的汇率是实时变化的，所以较难管理，无法实时得知自己到底花了多少钱，十分麻烦。因为太过麻烦，有的时候我们干脆就会以旅游为借口随意消费，而这往往会导致新的浪费。

而如果使用借记卡的话，你可以实时查看消费金额，这一便利的功能能够有效防止过度消费。

如果你现在存不下钱又真的想做出改变的话，就不要再执着于信用卡所谓的积分，做好用 1 张借记卡走天下的准备吧！

有许多人在行动之后都非常赞成这个建议，也变得能够存下钱了。

对"浪费"的误解

🙍（伊豫部）抑制消费欲望的艰难、抑制失败时的自怨自艾，想必这样的心情大家都经历过。有什么办法能够解决这样的精神内耗呢？

😀（横山）可能很多人都觉得"消""浪""投"理财体系在实际生活中的应用就是用尽一切方法减少浪费，一旦产生了浪费就得严肃反省。

然而，正如我反复强调的那样，适当浪费也十分重要。所以，在这件事情上千万不要太较真。

虽然说可以进行适当浪费，但我其实更希望大家能够设定好浪费的框架。

例如，为全职主妇的零用钱做预算。

有许多全职主妇觉得因为自己不工作，不能不劳而获、坐享其成，要努力将每一分钱都花在实处，所以不给自己留零用钱。

可是，一旦有了这样一种委曲求全的态度，失败的概率就会大大增加。

特别对做事一丝不苟、迫切想存钱或是想要快点看到结果的急性子而言，更是如此。

还有这么一种"大权在握"的人："我是个全职主妇，对丈夫管得比较严格，所以不会给他零用钱。在用大钱方面他也做不了主。"但一旦欲望的盒子被打开，就会发现她用一家人的生活费给自己买化妆品、衣服、杂志，做保养，培养兴趣爱好，与朋友和宝妈聚会等，并且丝毫不觉得这样做有什么问题。等回过神来才发现在不知不觉中花钱如流水。这样的例子真是不胜枚举。

我将这种现象称为"**零用钱的潘多拉之盒**"，所花掉的实际金额已远远超出了零用钱的范围。

如果妻子们有零用钱，那她们只会考虑如何在这个范围内消费。如果没有零用钱的话，这些消费就会悄无声息地隐匿在正常的家庭支出中，这样一来就无从核对了。

这就是为什么我建议家庭主妇也要有零用钱，并且<u>要有框架意识</u>。

（伊豫部）有意识地去设定框架，这就是家庭主妇的必修课——整理与时间管理的本质所在。

例如，设定一个空间框架，将书的数量控制在书架的可容纳范围之内。或是一个时间框架，规定自己要在 10 点前完成洗碗这项任务，而不是做不做看心情。

乍一看，似乎不设这些约束会更自由，事实上恰恰相反。一旦你被自己的欲望所摆布，你就会与自由背道而驰。

这样一种充分发挥主观能动性的积极心态令我印象深刻：在最初设定框架的时候就能够清楚地知晓框架的设定并不意味着将框架之外的东西舍弃，而是对框架内的东西进行选择。

比如，一开始就为春游零食设定 300 日元的预算框架，那么接下来只需要在这个框架内进行选择就行了，轻松又简单。这与一股脑儿地挑选喜欢的点心，然后在临出发之前不得不做出选择有着本质的区别。

（横山）除了提前设定浪费预算外，另一个值得推荐的好方法是特意给自己留出"偷懒"的空间。实际上，能存下钱的家庭所制作的预算中总是存在**能够"偷懒"的地方**。

比如对部分人来说，比起高昂的租金，他们更重视居住环境，所以愿意花 16 万日元在市中心租房。相反，在其他方面他们却精打细算，善于充分合理安排时间和交通费用，对省钱小技巧乐此不疲。

也有一些人十分重视交通工具的舒适度，在必要时会毫不犹豫地打的或是拼车，这就是他们的"偷懒"之处。取而代之的是他们决定放弃开车，在通讯费用上精打细算，一般都会选择廉租卡以节省手机费用。

令人感到惊讶的是,作为代价,不得不在别的地方精打细算竟然变得不再痛苦!这也许是因为把钱花在喜欢的东西上所产生的满足感吧!

花钱本身就是一种乐趣。希望花钱带给你的是快乐,而非自责。

家庭预算的黄金比例

😀（横山）在哪些地方可以"偷懒"呢？

为了更好地帮助你摸索出适合自己的家庭理财方案，我准备了一些数据。下一页的表格是我在翻阅8500份家庭账本后所总结出来的"能够存下钱的家庭"的预算比例。

在"朝一"节目中我们也将其作为理想比例进行了介绍，但是由于年收入、家庭构成、年龄、所在城市发展水平的差异，这一比例也会相应地有所变化，因此仅供参考。

你可以尝试接近这个比例，但不一定非得这样。希望你能以此为参考，根据实际情况去调整出适合自己的理想比例。

如果创造更多的"偷懒"空间对你的家庭而言至关重要的话，你完全可以提高对应项的比例。为此，我建议你对预算分类进行比较分析。

比如说，如果必须在教育和衣物支出之间做出选择的话，你要削减谁的预算？就像这样，你可以尝试让自己进行二选一，这将帮助你找到一个轻松省钱的好方法。

家庭预算的黄金比例

以由夫妇2人和2个中小学生子女组成的一家四口为例

到手收入	100%	300000 日元
住房支出	24%	72000 日元
食品支出	15%	45000 日元
水电费、供暖费	6%	18000 日元
通讯费	4%	12000 日元
保险费	5%	15000 日元
日用杂货	2%	6000 日元
教育支出	6%	18000 日元
衣物支出	3%	9000 日元
社交支出	2%	6000 日元
兴趣、娱乐支出	2%	6000 日元
零花钱	10%	30000 日元
其他	4.3%	13000 日元
储蓄	16.7%	50000 日元
支出总计	100%	300000 日元

我会主动去了解客户讨厌的东西以及讨厌程度，并从中寻找解决方法。

假设有人回答讨厌使用手机，但由于工作需要不得不用（实际上真有这样的人）。通过这样的问答，我们就可以了解到对方对手机的看法。

接下来就需要去分析是否能够将手机方面的支出控制在他所认为的合理范围。

当被问及愿意每月为手机花费多少钱时，对方表示现在每月在智能手机方面的支出是 8000 日元，但希望将其控制在 3000 日元以内。无论这是否可行，首先要做的是明确个人可接受的合理支出范围。

接下来再去探究这一想法的可行性。经过多方面调查，我终于发现，如果换成 1 部流量卡手机加 1 部老式手机的话，每月的手机支出只需要 2500 日元。这非常适合那些不怎么打电话，但经常上网、使用社交软件的人。

通过这种方式，先尝试找出自己讨厌的东西，也就是不愿意浪费太多钱的东西，再慢慢去思考在这方面的可承受支出区间，或者干脆不再使用的可能性。为进一步解决这些问题，我们需要不断地收集信息再加以分析，在实际行动中一步步摸索出真正的解决方案。

这可以说是轻松省钱的一大捷径。

为了更好地做出判断,你可以参考前文所提出的理想比例。

看到自己不喜欢的事物正在被削减预算或者直接被剔除,能够使人打心底里感觉到神清气爽。同时更加有决心不再重蹈覆辙,所以也就更能坚持下去。

用冲动消费给人生赋能

（伊豫部） 我曾以为存钱是一件很辛苦的事情。

但横山式理财方法并非如此。如果能意识到钱是如何被花出去的，就能存到钱——它让我看到了希望。

然而，我有一个劲敌——冲动消费。

当我被消费的欲望冲昏了头脑时，钱的正确使用方法完全被抛诸脑后，即使尚存一丝考量，也只不过是自我安慰式地将其胡乱归类到"投资"之中罢了。

等到这股欲望冷却之后才追悔莫及。

然后就开始自暴自弃，想着："连想买的东西都不能随便买，这日子谁爱过谁过！"

所以横山才一直主张可以适当进行冲动消费。冲动消费后，只要在其他地方相应缩紧开支就行了。

"啊？到头来还不是要削减其他地方的预算？如果还是要为了省钱将日子过得紧巴巴的，我是绝对不会去冲动消费的。"

"你理解错了。我之前也提到过，只要把自己讨厌的东西或者对未来没有帮助的部分削减掉,不就能轻松做到吗?"

讨厌又无用的东西?……给丈夫的生日礼物……可这么做的话,身为妻子也太不称职了吧。

嗯……这个还是不能轻易削减的。先不说这属不属于浪费钱,这是大家都会买的。

所以我们需要关注的是消费分类。冲动消费后,只要削减相应分类下的未来预算就行了。如果一时冲动购买了衣服,那么就减少下个月的服饰预算;如果冲动下了馆子,那么下个月就忍着不要外出就餐,尽量自己在家里做饭。

这时我又不禁开始思考:能够导致冲动消费的东西一定是自己格外喜欢的。如果是这样的话,要做到削减预算也太困难了。就在这时,我想起了过去的一次采访经历。

为了支援东日本大地震的受灾地区,帮助受灾群众在困难时期了解自己的财务状况,超级主妇之友会组织了一次向受灾地区的家庭主妇赠送家庭账本的活动,活动口号是:"把钱牢牢地攥在自己手里!就是现在!"

由美是一位20多岁的年轻母亲,有一个不满1岁的孩子。灾后,她居住在岩手县釜石市的临时板房中,在那里她向我们展示她记录了不到两个月的家庭账本。

从中我们可以看出,当月的服饰预算明明只有8000日元,但她一时冲动竟然花了 2.6 万日元购买了一件漂亮的连衣裙。

但由美似乎不以为意。

她说:"虽然这个月的预算超支了,但我打算取消下个月的服饰预算。在此基础上再减少一点娱乐开支,这样就能持平了,所以也没什么。"

确实如此,这样一来也能轻松做到了。

在遇到那条命中注定的连衣裙时,由美充分考虑到自己的家庭预算后才做出购买的决定。

穿上那件连衣裙所获得的幸福感与下个月不仅不能买衣服也必须要减少娱乐活动的痛苦,究竟谁对自己来说更重要呢?她对此进行了权衡,最后选择了前者。

她在充分思量之后得出了令自己接受的答案,所以这是一次有意识的冲动消费。

这令我再次意识到花钱的本质是幸福与愉悦。

节约至极致的繁琐,就连区区 10 日元、100 日元都要斤斤计较的窘迫……光是想想都令人生畏。但是,我们究竟是为了什么才需要做出这样的牺牲呢?当然是为了自己与家人能够享受舒适的生活,是为了将来的幸福。

明明有想要实现的愿望却总是将其抛之脑后,频频为存不下钱找借口却又因此深感担忧……每每想到这些行为我都万分

085

愧疚。

由美生活在鹈住居町。在巨大海啸的影响下那里早已是断壁残垣、满目疮痍，遇难者人数占了釜石市遇难总人数的一半以上。地震发生时，由美因为在离家较远的公司上班才幸免于难。

在这一切发生前，她曾梦想拥有一幢属于自己的房子。在采访中我们发现，那些建筑商的房屋宣传册还被她小心翼翼地保存了起来。

以暗棕色为基调的墙壁、时尚大方的客厅。看到宣传册里的照片时，由美不禁从心底里发出了感慨："啊，这可真好啊！"脸上满是羡慕。

她在这次灾难中失去了一切，不得不住进临时板房。当时的她除了一条命，已经一无所有。后来，孩子出生了。背负着如此艰巨的生活压力，她甚至没有时间去抱怨、焦虑，光是为了重新开启生活就已经拼尽了全力。

面对这样的困境，身无分文的她在努力存钱的同时还能怡然自得地享受生活。支撑着她的正是她的梦想。

"冲动消费并非十恶不赦。""买一些无用之物也没关系。""就算失败了也没什么了不起，只要能够吃一堑、长一智，即使失败也是一种投资。"这些都是横山经常挂在嘴边的话。

试着展望未来的幸福生活你就会发现，现在从冲动消费中体验到的幸福其实也是其中不可或缺的一部分。这样的展望能够帮助我们用长远的眼光去看待问题。

另一方面，如果存钱已经变成了规避未来风险的必需品，那么无论有多少存款你都会感到焦躁不安。长寿怎么办？生病了怎么办？孤身一人又该怎么办？

担忧永无止尽。

当听到"在死者的衣柜里发现了近1亿日元的现金"之类的新闻时，也许我们会一脸惋惜，认为这是一场悲剧。但面对未来时，我们却没有足够的自信能够断言："钱是用来'花'的，而不是用来'存'的。"

但至少，钱存在的意义是为了让我们获得幸福，而并非被束之高阁。

只有活在当下的人才能过上梦寐以求的幸福生活。我决定时常将这句话铭记于心，不再任由冲动消费引起焦虑。

轻松节约小技巧

◎ 比较分析欲削减的预算分类

◎ 在家庭预算中事先留出可供随意使用的"偷懒"空间，并削减与其对应的其他预算

◎ 为浪费设定底线

要牢记这些小技巧哟！

第三章 存钱的秘诀

先从"家庭钱包"入手

（伊豫部）对横山一家的采访简直充满了惊喜，但最初给我留下深刻印象的还是前来客厅迎接我们的家庭成员数量。当时共有 7 人，分别是横山的妻子，小到上幼儿园，大到读高三的 5 个女儿以及 1 个 1 岁的儿子。

此外，再次令我感到惊喜的是横山妻子博美出色的管家能力。在没有记账的情况下，她都能够如鱼得水地将日常开销控制在既定的预算范围之内。

而这一切的秘诀就是"家庭钱包"。

博美向我们展示了一个看起来普普通通、使用便捷的长钱包。在他们家，这被称为"家庭钱包"。

这个钱包就被光明正大地放在客厅固定的位置，任何家庭成员都可以自由使用。

"没关系，这不仅仅是我一个人的钱。"博美的这一番话给我留下了深刻印象。

因为在当时的我看来，全家共同管家这一想法闻所未闻，十分新奇。

当大人都不在家却又需要孩子去超市跑腿的时候,孩子们就会拿着这个钱包去。

博美每周一次的超市大采购也是使用这个钱包里的钱。可是如果带着6个孩子去超市,一个孩子一开始缠着要买零食的话,其他孩子看到了会不会心生不悦,纷纷效仿,甚至大哭起来,引起骚动呢?因为我没有孩子,所以想当然地会过分担忧。但令人感到意外的是,在他们逛超市时,从节目组事先安排好的收音麦克风里传来的居然是孩子们像小大人似的认真选择商品的声音:"妈妈,这个更便宜哟!""不行妈妈,这个家里已经有啦!"

可以看出,孩子们已然意识到这是全家人共有的钱,所以在使用时所有家庭成员都要承担起自己的责任。

从将其命名为"家庭钱包"开始就明确了这是属于全家人的钱包,所以孩子们也知晓自由使用的同时伴随着相应的责任。

见识到家庭钱包的魔力后,我也决定在自己家里尝试效仿。但问题来了,我并不信任我的丈夫。因为他做事总是后知后觉。有一次,在居委会举办的抽奖活动上他中了特等奖,奖品是一辆单车。他非常开心地打电话给我报喜,兴奋地说:"我撞大运了!是一辆单车!"我听成了"我撞上了一辆单车",所以大骂道:"还不是因为你走路不小心!"从这个小插曲可以看出,我的丈夫就是这样一个呆呆的人。毕竟作为专业的制片人，一般来说我是不会听错的。

花钱无节制，给多少就用多少，做事不考虑后果，就像一只大蟋蟀。这是我对他的评价。

家庭钱包的魔法能够在我们这样的家庭生效吗？

顺便说一句，我不擅长管家，我们家都是丈夫负责买菜做饭。伙食费包含在他的零用钱之中，所以一日三餐吃什么都是看他的心情，毫无规划。

"为什么今天味噌汤里有菠菜，蔬菜做的还是炒菠菜？"由此引起的争吵已数不胜数。

不管怎么说，我还是提出了家庭钱包这个建议，告诉他今后伙食费和日用品支出都要有计划地使用。

于是……

令人意想不到的事情发生了，他居然在预算之内将所有的事情都打理得井井有条，十分出色。这究竟是如何做到的呢？

也许可以归功于家庭钱包的独立性。而且他也好好下了一番功夫，一日三餐蔬菜肉食搭配得当，营养均衡，这令我十分惊喜。这在其他家庭也许是十分稀松平常的事，真是让大家见笑了。

取钱的技巧

🙋（伊豫部）家庭钱包的资金补充方式也许会让守住预算变得更简单。

究竟要如何做到这一点呢？博美向我们展示了一些技巧。

这跟读书时老师让我们在暑假做的一个实验十分相似：拿到一笔钱看能坚持几天花完。意志力越薄弱的人往往越容易在最开始的时候过度花费，到最后就会变得非常痛苦。

而如果想让我这种意志力非常薄弱的人做到不超预算，仅仅靠努力是远远不够的，需要的是能让人产生"可以轻松做到"错觉的方法。

这就是"等分法"的魔力。

虽然超级主妇之友会成立不过80余年，但成员们早已开始使用这一方法。

例如，将本月食品支出的预算金额除以30，就能得出每日预算。如果第一天就超出当日预算的话，就需要在以后的日子里努力节省一点。

我尝试之后发现这真是一个既有趣又轻松的方法。省下今天的份额，这样你就有更多的钱用于明天和后天了。

如果为了遥遥无期的未来而忍住现在不花钱，这似乎很难做到。但为了明天有更多的钱可以花，把今天的钱节省下来就能轻松做到。

虽然做的事都是一样的，但心情却截然不同。

前者是"放弃"，而后者是"选择"。等分的方式能够让我们感受到选择权把握在自己手中。

等分法的魔力在超级主妇之友会中也广受赞誉。

其实，这一方法在横山一家中已被熟练地实践了多年，并且还无须借助账本。

这就是 ATM 的取钱方法！

每周一次提取固定金额，就这么简单。

横山一家每个月的生活开销预算为 10 万日元。这 10 万日元被等分成了 5 份，每周一博美都会从银行提取 2 万日元放入家庭钱包中。

这一周内的一切日常开销都由这 2 万日元来支付。

比如说星期三去检查钱包的话，一眼就能看出还剩多少钱。是剩了一半还是前几天花钱的速度有点快等，钱包的情况一目了然。这样一来，无须计算就能轻松地对开销进行调整。

存钱小技巧
之不同钱包的妙处

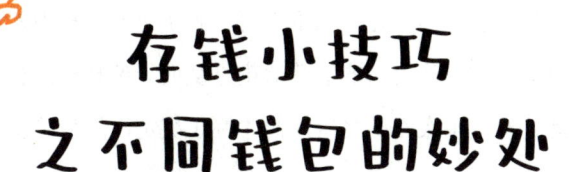

◎ **家庭钱包**

- 生活费
- 由家庭成员共同拥有
- 每周补充固定金额

◎ **浪费钱包**

- 随意使用
- 可以将家庭钱包中的零钱转移到此处

◎ **零用钱包**

- 个人自由使用的零用钱

要牢记这些小技巧哟！

如果以月为单位的话，其实很难把握花钱的节奏，所以往往会造成月初得意忘形，花钱大手大脚，到了月底就囊中羞涩，甚至更有可能控制不住自己的消费欲望，从而导致超出预算。

因此，经过多次尝试之后他们才终于决定以周为单位进行资金补充。

我认为这是合乎逻辑的。因为每天都会产生食品开支，如果在你没有察觉的情况下超支，即使每次只超过一点点，但日积月累将会产生十分可怕的后果。如果你想要改变这一局面，就必须在短时间内及时微调，以免造成不可挽回的错误。

比起超级主妇们的日预算，博美的周预算有更多可供自由发挥的空间，也更能轻松地把握。

这种"等分法"的神奇之处就在于**以周为单位将每月预算等分成 5 份**。

以周为单位进行划分的话，1 个月最多只有四周零几天。也就是说，第五周是不足 7 天的。如果从月初开始就严格将开销控制在预算之内的话，到了月末的最后一周就会十分轻松，也必然会产生结余。

存钱小技巧之银行账户

（伊豫部）在介绍完钱包存钱小技巧之后，接下来要介绍的是银行账户的管理方法。

你有多少个存款账户？

当被问及这一问题时，坐在我旁边的男性主持人告诉我他家一共有9个银行账户。他和妻子分别拥有自己的个人账户，两个女儿也分别拥有个人学费保险账户。再加上住房贷款的还贷账户，这么多银行账户让他无所适从，一筹莫展。

即使没有这么多，就算只有两个账户，那你是否不作区分地将还贷账户与常用账户混用呢？水电费、电话费、人寿保险费的扣款账户等是否也进行了明确的区分呢？

横山认为，只要将目前所拥有的账户按照自己的使用习惯进行整理，甚至无须进行任何思考与判断就可以使存钱变得更加有趣又简单。

这究竟是什么好办法呢？

（横山）我认为**银行账户其实就是一个钱包**，它与钱包

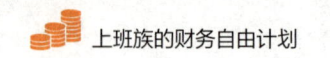

一样具备钱的存放功能。但与钱包不同的是，它还具有掌控存款的功能。

虽说银行账户数量不宜过多，但我也不推荐一切开销都经由一个账户。

对银行账户进行功能分类能够帮助我们更好地整理自己的理财思绪，有助于存钱。

那么我们具体应该怎么做呢？

我们应该**设立 3 个基本账户，分别是"开销账户""储蓄账户"与"投资账户"**。

所谓"开销账户"，顾名思义就是指管理日常开销的账户；而"储蓄账户"就是管理存款的账户；"投资账户"就是投资理财的账户。

然而，并不是开设好以上三个账户就万事大吉了，关键在于如何使用。

其中特别需要注意的是钱在三个账户中的存放顺序。接下来，我将就这一点进行详细说明。

① 开销账户

这是我们需要开设的第一个账户。这个账户起到钱包的作用，涵盖了 1 个月的必要日常开销，比如房租、伙食费、日用品支出等。住房贷款、保险费、电费、供暖费等也可以从该账户中扣除。

账户开设完之后需要存入一个半月的收入。

举个例子，如果每月到手收入为 30 万日元的话，就需要存入 45 万日元。然而，这 45 万日元并不能完全用完，包括生活费与储蓄在内，需要将每月开销控制在 30 万日元之内。

② 储蓄账户

这是开设的第二个账户。在存款达到 6 个月的收入之前，我们需要逐渐从开销账户往储蓄账户里转钱。如果每月的到手收入为 30 万日元的话，就需要努力存到 180 万日元。这是我们的应急保障账户。

③ 投资账户

在储蓄账户的余额达到 6 个月的收入之后，我们就需要将剩余的存款转移至这个账户之中。

开销账户、储蓄账户可以选择商业银行、邮政储蓄、信用金库等金融机构，但投资账户建议在证券公司开户。听到证券公司，或许有人会心生畏惧，不过无须担心，这又不是赌博。

每种投资方式都伴随着不同程度的风险。既有股票、外汇交易等高风险的投资，也有较为稳健的信托投资基金等。

建议从变动较小的低风险投资入手，先投入少量资金，保持长期关注。

虽然这样的投资方式回报率不会太高，但相比资金闲置还是能小赚一笔。

此外，最重要的还是资产的保值。

今后，**闲置现金将会存在很大的贬值风险**，请牢牢记住这一点。

我们还可以采取防止贬值的理财策略。有些定投的信托投资基金甚至只要存入 500 日元就能开户，对新人非常友好。

具体的理财策略因人而异，所以这里对理财产品就不再赘述（详情请参照拙著《年收入 200 万日元的储蓄生活宣言》）。为了更好地分散风险，建议在决策时充分将投资信托基金、国债以及国内外的理财产品考虑在内，增加投资的多元化。

也许有人会认为投资理财是有钱人的特权，其实并非如此。包括家庭主妇在内，希望大家都能够将投资理财当成一种家庭保障手段充分利用。

建议按照开销账户→储蓄账户→投资账户的顺序依次使用。 跳过储蓄账户，直接将钱打入投资账户的行为十分危险，请一定不要这么做。

存钱小技巧之银行账户

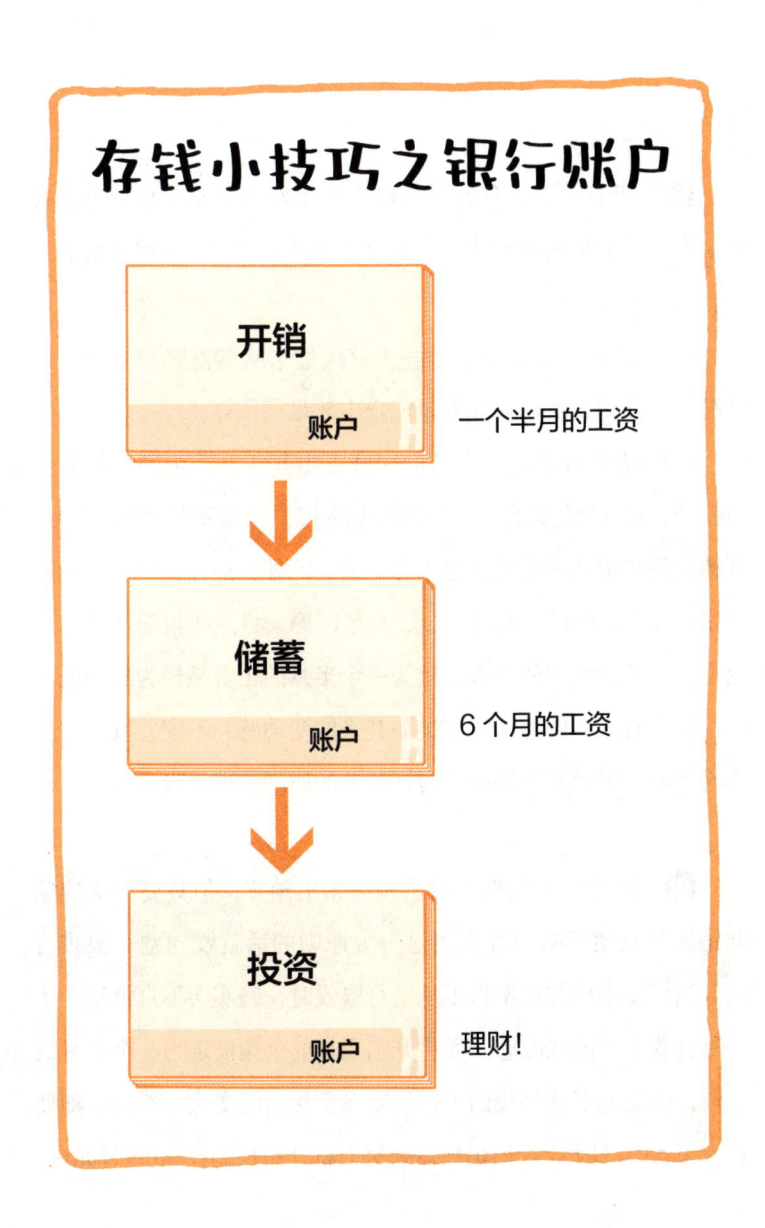

开销
账户 —— 一个半月的工资

储蓄
账户 —— 6个月的工资

投资
账户 —— 理财！

① "开销账户"

（伊豫部）为什么开销账户的余额需要保持在一个半月的工资呢？如果是我的话，我会存1个月的收入，再将多余的部分存入储蓄账户之中。

（横山）这是为了防止大家反过来从储蓄账户中取钱来补贴日常开销，所以才在开销账户中放足了预算。

1年12个月中，每个月的家庭支出其实并非定额，都会有所变动，生活就是如此。在年关将至的12月或是新年伊始的1月，开销比往常都要多的情况也十分常见。此外，还存在许多不确定因素，比如：婚丧嫁娶的礼金、看牙医等。将这些情况都考虑在内之后，开销账户的余额设定为一个半月的工资是最为理想的。

也许有人会因为生活中突如其来的变动感到不安。其实完全不必担心，只要充分知晓临时性开销的原因，那就没有问题。

（伊豫部）虽然有时会稍微超出预算，但只要严格遵循开销账户只用于必要性支出这一大原则的话就没问题。很难否认，当因支出增加而不得不从银行取钱时，确实会不自觉地产生一种自我厌恶的挫败感。而将开销账户的余额设定为一个半月的工资，就是为了帮助我们不再过度在意支出的变化。然而，即使存入了45万日元，我们仍然需要努力将开销控制在30万日元内，也就是相当于 1 个月工资。因为每个月只有 30 万日元的收入，如果不这样做的话，这个账户的钱就会越来越少了。

（横山）你说的对。通过将开销账户的余额设定为一个半月的工资，我们就能对上个月的开销表现进行评价。当工资进账时，账户里的余额是否继续保持在一个半月的工资左右一目了然，这更能激励我们不断努力，将胜利继续保持下去。

长此以往，虽然最初账户里只有 45 万日元，如果某一天工资进账后的余额达到了 55 万日元的话，我们就可以将多出来的 10 万日元转移到储蓄账户。而相反，如果工资进账后的余额只有 40 万日元的话，这就意味着这几个月的存款为负 5 万日元，接下来就需要为恢复到 45 万日元而不断努力。

（伊豫部）这个账户就像是一个标尺，从中能够清楚地了解到我们是否真的在努力存钱。

（横山）值得一提的是，你也可以将它与信用卡的还款账户绑定在一起。比如伙食费、日常用品支出等生活必需品支出以及房租、保险费等固定支出，只要是不会为个人欲望所左右的、恒定的开销都可以使用这个账户。

（伊豫部）那么，偶尔想下馆子奢侈一下，或者是给孩子买玩具的话，能不能使用这个账户里的钱呢？如果不行的话，那么应该使用哪个账户呢？

必要开销

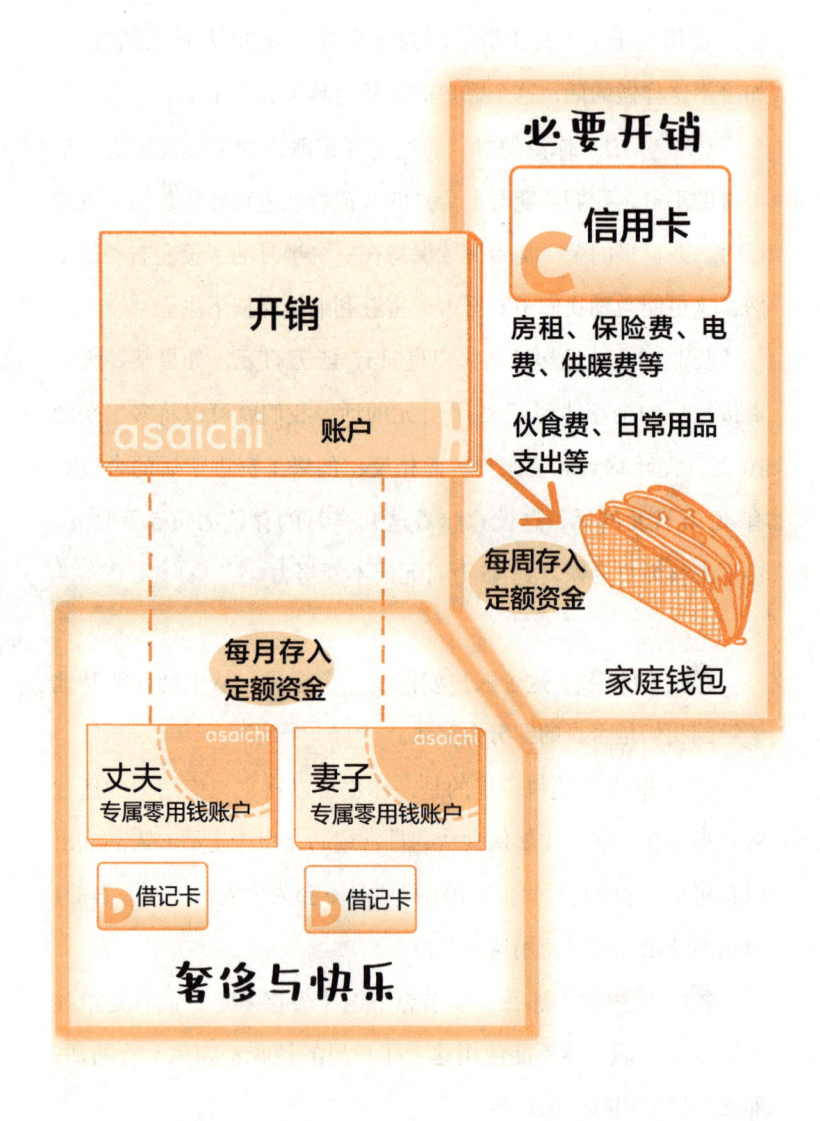

C 信用卡

房租、保险费、电费、供暖费等

伙食费、日常用品支出等

每周存入定额资金

家庭钱包

开销

账户

每月存入定额资金

丈夫
专属零用钱账户

妻子
专属零用钱账户

D 借记卡

D 借记卡

奢侈与快乐

（横山）第一种方法是在开销账户下再开设一个个人零用钱账户，并存入固定的金额。在我们家，我与妻子的工资账户同时也是自己专属的零用钱账户，每个月的工资都会汇到这个账户之中。在将工资转到开销账户之前，我们会预留出一定的零用钱，这笔钱主要用于一家人偶尔的奢侈或者满足自己的快乐需求等。

总而言之，开销账户与零用钱账户的关系就如同家庭钱包与浪费钱包的关系一样。

我是一个不折不扣的现金主义者，坚决不使用信用卡，所以我的零用钱账户与借记卡是绑定在一起的。

（伊豫部）原来是这样啊！这样一来，我们就可以将必须坚守的预算与偶尔可以随心所欲使用的零用钱分别放入不同的账户之中了。

② "储蓄账户"

（伊豫部）开设储蓄账户主要是为了以防不时之需，所以存款要达到半年工资。为什么是半年呢？这与开销账户存一个半月工资的出发点是一样的吗？

（横山）开销账户的主要用途是一般性日常开销与临时性支出。而储蓄账户是一项应急手段，以防止出现突然失业、因病入院或收入中断等突发情况。

人们在碰到意外变故时，一般需要花费半年左右的时间去重整旗鼓，所以我将储蓄账户的存款目标设定为半年工资。但具体金额也是因人而异的，有些人会存入1年的收入。

（伊豫部）但是，一旦储蓄账户的金额达到了半年收入，需要马上将超过的部分用于投资增值吗？除了应对不时之需之外，我们可能还会为了别的目的去存钱，比如：孩子的入学金、住房首付、旅行、搬家、结婚、养老等。但如果将超过的部分用于投资的话，我总担心会回不了本……

（横山）像明年的旅行、3年后孩子的入学金、明年开春时所需要的自行车等，如果用途明确、时间具体的话，可以存入另一个单独的储蓄账户中以作区分。

为了满足想要花钱的欲望，我个人还为"浪费"开设了一个单独的储蓄账户，里面准备了20万日元。

（伊豫部）明明同样都是浪费，但感觉你的浪费也比别人的浪费听起来要高级许多。

可是就我个人而言的话，比如说想要存钱养老，但可能永远都达不到目标金额，这样一来就根本不会有机会把钱转移到投资账户里。

第三章 | 存钱的秘诀

储蓄账户

应急资金
（6个月工资）

旅行

入学金

自行车

浪费

③"投资账户"

（横山）对于养老费这种即使再快也起码要 10 年以后才能用得上的长期储蓄，我们可以采用积少成多的方式进行管理。正如我在上文所阐述的那样，投资账户不同于积极理财，它的主要目的不在于增值而在于保值。

所以，除了股票之外，你还应该同时持有国债等稳定性较高的债券、货币市场基金（MMF）、货币储备基金（MRF）等，提高投资的多元化水平。

为了分散风险，除了国内市场发售的股票之外，最好还要持有外国股票。

股票跟债券之间的关系就像跷跷板一样，当股票下跌时，债券会上涨。反之亦然。

另外，把握好国内投资与国外投资的平衡也很重要。

有一些比较传统的朋友可能会觉得还是国内投资更保险一些，却苦于不知如何下手。

建议在进行投资决策的时候，按照股票、债券、国内投资和国外投资这四个维度去思考，这十分重要。

如果能够稳定组合，即使是回报率较低的投资也比放在银行里更安全、收益更多，而且需要赎回的时候也能随时取出。

（伊豫部）确实，单单将钱存放在银行或者是柜子里是不能产生任何价值的。钱只有在市场上进行流通才具有生命力，才会最终回到自己的手上。

第三章 | 存钱的秘诀

住房贷款首付
子女的结婚费用
养老资金

投资账户

国内**股票**	国外**股票**
国内**债券**	国外**债券**

要保持好平衡哟!

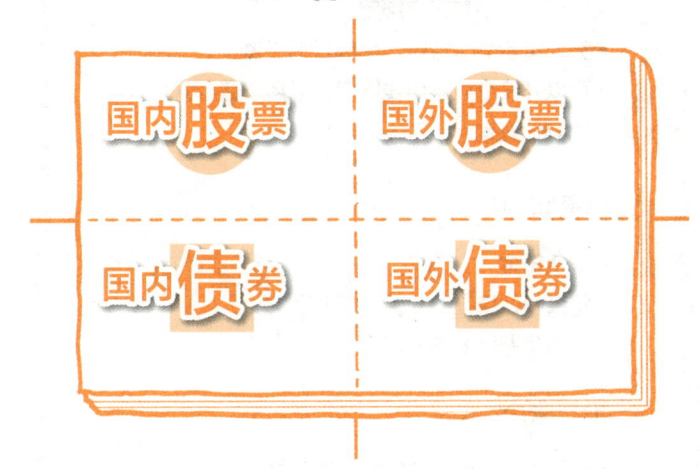

存钱小技巧之银行账户体系

◎ 开销账户

- 每周取出固定金额放入家庭钱包之中
- 与信用卡扣款账户绑定
- 努力将余额保持在一个半月的工资
- 可以开设个人零用钱账户,以用于必要开销外的其他开销

◎ 储蓄账户

- 应急资金
- 将余额保持在6个月的工资
- 包括短期储蓄与浪费资金

◎ 投资账户

- 以保值为主要目的的投资理财账户
- 长期储蓄
- 平衡国内外投资产品以及股票、债券的多元化

要牢记这些小技巧哟!

快乐储蓄账户

（伊豫部） 听了横山的一席话后，我大受启发，心想现在是时候创建一个储蓄账户了。

在此之前，我并没有独立的储蓄账户，总是习惯于储蓄与开销共用同一个账户。可开销账户的金额总是在变动，所以我根本就弄不清楚存款的具体数额以及变化情况。

因此，在横山的推荐下，我也在网上银行开设了一个新的账户。

用户可以在同一个账户下开设5个特定用途的储蓄罐。

首先，我创建了一个名为"买房"的储蓄罐，这是我一直以来的梦想。

因为我和丈夫打算在东京奥运会召开期间休息1个月去好好享受比赛，所以我又设定了另一个名为"东京奥运会"的储蓄罐。只要能够存到钱，我们就可以用这笔钱去尽情享受奥运会开幕式等活动。

每个储蓄罐都会有一个专属的守护宠物。当我往里存钱时，它会说"我真是动力十足!"然后兴奋地手舞足蹈起来。

进度条的颜色似乎会根据宠物的心情而变化。如此有趣的功能激发了我的驱动力,使存钱变得更加轻松愉快。就这样,我怀着跃跃欲试的心情开始了自己的存钱之旅。

可这些小家伙们真是太性急了。

东京奥运会储蓄罐的储蓄目标为 70 万日元(因为这期间我不打算工作),所以我打算每月往里汇入 1 万日元。然而,当我把钱转进去时,它却闷闷不乐地说:"我现在正在反省自己。"第二个月我又在 1 万日元的基础上多存了 5000 日元,可它仍然郁郁寡欢,说:"现在还需要忍耐。"或者是"我不太懂自己。""正在思考开展副业"……

究竟为什么会这样呢?

对于目标金额来说,虽然几千、几万日元不过是杯水车薪,但还是希望能够得到它的表扬……

该不会……我这种给点阳光就灿烂的性格被这些家伙看透了?

"买房"储蓄罐的目标金额是以千万为单位的,所以即使我自认为已经竭尽全力了,从进度条上依然很难看到变化。

小宠物们的心情似乎一直很低迷,不是黑色就是深蓝色。明明每个月我都会往里面存钱,但它们不是生气地蹲着就是奄奄一息,或是楚楚可怜地看着我,仿佛正在垂死挣扎。虽然呈现出一番人间炼狱般的景象,但我却着实体验到了拥有独立储蓄账户的便利与快乐。

不经意间,我发现存款比自己想象中还要多。也许这是因为我已经养成了只要发现开销账户有结余就立马把它转到储蓄账户的习惯。此外,储蓄账户里的余额就等于目前存款的金额,一目了然并且具有强大的冲击性,能够使人充满动力。

另外,开销账户的余额不需要多,只需要保持在一个半月工资就足够了。这一点也大大减轻了我的心理负担。

只要打开开销账户一看,是否有过度消费就一目了然,十分安心。

一旦发现有结余,我就会立马将其转移到储蓄账户之中。我非常享受这种积少成多的过程。

有时看到信用卡扣完款之后账户里的钱急剧减少,下个月我就会有意识地控制自己的开支,不会出现反过来需要存款补贴开销的情况。这样一来也就无须动用努力存起来的钱。

就像这样,钱被转移到储蓄账户之后就很难再被花掉了。虽然储蓄罐的小宠物们仍然吵吵嚷嚷,一脸不悦,但一看到存款已经达到××日元之后,我就不会再心生取出来去买其他东西的念头了。

最近,我将"买房"储蓄罐按照"买房1""买房2"的顺序进一步细分成了 5 个。这样一来，存钱的时候小宠物们就能享受到"升天般的快乐"，而我也能更有成就感，原本哀嚎不断的"人间炼狱"也能瞬间变成阳光明媚的天堂。

前不久，"买房 1"终于达到了存款目标！正当我笑嘻嘻地思考着是不是可以将多余的钱转移到投资账户进行投资理财时，我突然意识到自己忘记了一个重要的原则，那就是储蓄账户里必须要留有 6 个月的工资。而且对于买房这样的长期计划，即使存够 6 个月工资之后可以将多余的部分转移到投资账户里，也只能继续存着，并不能马上用于投资。这一点当时也被我彻底抛之脑后了。

虽然对小宠物们不是很友好，但我最终决定更换储蓄罐的管理方式。

像这样，即使没有存钱的天赋，我也能快乐地享受这一过程。

横山一家的理财法

（伊豫部）在去横山家拍摄的时候曾经发生过这么一件轶事。

据说他们家的 6 个孩子都对存款情况了如指掌。为了证实这一说法，主持人塚原泰介就特意悄悄询问了横山的长女，得到答案后又向横山本人求证。没想到横山表示："是的没错，我们家的存款确实只有这么多。"数额居然惊人地一致！

拍摄结束后，塚原将这件事情又告诉了我，我们二人开始窃窃私语："啊？真的吗？没想到他们家居然只有这么一点存款。"虽然我自己的存款少得可怜，但在我的印象中，横山的存款应该是千万级别的，没想到居然这么少。

直到现在我才明白当时的自己是多么的无知。

当时横山的原话中提到的是存款。所谓存款，是存在银行的金额，也就是储蓄账户的本体。其实，比起现金，他更倾向以"投资账户"或是黄金等不易贬值、更能增值的方式理财。

而那些明明在努力存钱，却总担心远远不够的人原来只考虑到现金形式的存款，完全忽略了其他的可能性。

横山的那句"以时间为友"其实就是充分利用了"复利"这一人类历史上最伟大的发明。

时间就是金钱！唉，要是早一点懂得这个道理就好了。于是，我开始对过去行事毫无计划性的人生进行了深刻反省。

（横山）好，问题来了。假设你每个月花3万日元用于投资，10年后你的本金加收益总额达到了360万日元。如果年投资回报率为5%的话，1年后这360万日元会变成多少钱？

（伊豫部）完全没有头绪。大概会多个50万，变成410万日元？

（横山）很遗憾，你答错了，应该是464万日元。（不考虑投资税）

（伊豫部）什么？居然多了100来万日元？！可只有年投资回报率为5%的话才能达到这个数额吧？你能做到的，我不一定做得到啊！

（横山）好吧，那我们假设每月的投资金额还是3万日元，年投资回报率为3%，这样可行性更高一些。另外，在开始投资之前，我们从暂时闲置的存款中取出100万日元放入投资账户中，投资年限为20年。那么在这种情况下，总额为820万日元的本金在20年之后会变成多少？

（伊豫部）差不多是1000万日元？

😀（横山）比这更多！大约会增加 343 万日元，总额达到 1163 万日元。通过这个例子想必你已经注意到了，时间具有巨大的魔力，所以我们才要与时间为友。

因此我建议你放弃"没时间"的借口，在目前力所能及的范围之内将存款按照时间进行分类，从中取出暂时用不到的部分当作本金进行初期投资。也许到那个时候，你就会对着我说："都什么年代了，还靠着现金存款过日子？这样可不行啊！钱是用来投资理财的，横山你到底在搞什么啊？真是笑死人了，哈哈哈！"

👧（伊豫部）这说话的语气跟洋洋得意时的我简直一模一样！我再次为你细致入微的洞察力感到五体投地，也希望这一天真的会到来。

就这样，我对理财有了新的认知，打算重新发起挑战。

说起投资账户，我突然想到自己确实有一个股票账户，不过在股市大崩盘之后就再也没有用过它了，也早已忘记了密码。

是继续持有还是购买别的股票呢？毫无头绪的我下定决心清仓，将股票都卖了。这时，横山建议我从卖掉股票所获得的钱中取出 1 万日元左右作为投资资金，本金再少也能积少成多。

就在这时，我突然想到朋友曾经跟我说过他投资的基金在短短的 10 年内翻了一番。我知道自己不可能一下子就选中黑马一步登天，但仍然安慰自己就算是短期内有跌有涨，但从长期来看还是增值的。就这样，我一边苦学投资知识，一边战战兢兢地开始了投资生涯。

巧合的是，那个时候央行刚刚发布了量化宽松货币政策。我从网络证券推荐的"基金 TOP30"中随意选了一支看起来综合性较强的投了 1 万日元。说实话，那个时候的我完全搞不清楚定投与非定投的区别，也不知道其中的运作机制。三天后惊奇地发现涨了 13 日元，一周后居然多了 600 日元的收益。这时我就开始得意忘形了，觉得国内的股票选定了之后接下来就应该把目光放在国外市场。于是，我买了一支看起来评价很高的股票，投了 1 万日元。没想到下个月却出现了亏损，我立马拿给横山看，希望能够从他那里得到一些建议。

"这支还不错，跟着日经 225 指数走的。"（啊？这样吗？）

"这支是热门股，你怎么会想到买它呢？"（啊，我想想，好像是因为它看起来是一支国外市场的股票并且上了优质榜前 5，所以我就买了。）

"这是房地产板块的。哎呀，以后你不要瞎买了！别把钱不当钱。"

当时尴尬得我都想找个地缝钻进去了。

这使我受到了强烈冲击。究竟为什么当初没有仔细研究就随意下手了呢？虽然我已经记不清了，但一定有赌博的心态在里面，想当然地认为这支股票必定大涨。

原以为自己已经摸透了股市的运作规律，没想到到头来居然是如此下场。如果是拿1万日元试试水的话，尚且可以挽救，可如果直接进军股市的话，恐怕就会血本无归。今后，我会更加刻苦学习投资知识，努力克服过度担忧所导致的侥幸心理，时刻牢记投资的主要目的是规避现金贬值的风险，脚踏实地地走可持续投资道路。

等一等！这是什么存钱法？

（横山）整理完账户之后，接下来我们需要做的是如何在日常生活中"玩转金钱"，使钱顺利流通到储蓄账户，甚至是投资账户之中。

在此之前，我想就当前社会上普遍存在并且广为人知的储蓄小技巧给大家提个醒。

比如说，想必你对"先存后花"和"开销分类法"肯定不陌生。这些存钱的方法一般来说是不会被推荐给理财新手的。

① 先存后花

所谓先存后花，是指在收入进账后，先将储蓄的部分预留出来，然后把剩下的钱当作生活费。

这也是很多专家都推荐的方法。道理其实很简单，如果想着有剩余再把钱存起来的话，根本就存不到钱。

当然，从本质上来说这不失为一个好方法，但很多时候并不适合理财新手。这又从何说起呢？

原因听起来可能有些讽刺，这正是因为新手往往容易"用力过猛"。就我从业多年的经验来看，这其实是十分危险的。在尚未完全把握自身消费情况的前提下贸然预留存款，逼着自己想方设法用剩下的钱去生活……光是想想都能够预料到这样的行为伴随着巨大的失败风险。

像这样企图凭借意志力去克服困难的人不在少数，而实际上若想要成功，意志力是必不可少的，但光靠意志力也是不行的。即使真的成功了，也很有可能只是昙花一现，很难长久。

遗憾的是，那些迄今为止在存钱的道路上屡屡碰壁或者尚未适应努力存钱节奏的人，一旦"用力过猛"的话，就一定会在某些地方产生反弹，最终前功尽弃。

然而，比这更可怕的是因此与家庭理财"反目成仇"，不愿再理会。这就会导致此前的一切挫折与经验都幻化成水中的泡沫。这是我最不愿看到的事情。顺其自然、不过度在意才是最理想的与金钱相处之道。

所以，建议在对自己的家庭支出状况有一定了解之后再去尝试。当然，先从给自己留足生活费开始，循序渐进地推进也不失为一个好方法。

② **开销分类法**

所谓开销分类法，是指提前规划好钱的用途与预算，在固定的预算中安排生活。对理财新手来说，这也是一个容易栽跟头的地方。因为如果你尚未充分明确用途就去盲目制定预算的话，根本就没有意义。比如说，你在制定预算时低估了伙食费的支出，到了月中才发现伙食费不够了。为此，你决定用目前暂未使用且估计未来也用不到的医疗费预算去填补。这样一来，到了月末就会发现所有分类下的预算都被花得一干二净，这就是失败的典型案例。

小瞳曾经也做过这样的尝试，将预算按"伙食费""外食费""杂费""医疗费""备用金"进行分类后装入对应的信封里，并决定1个月内的一切开支都从中扣除。

在小瞳家中拍摄时，看到信封后主持人塚原疑惑不解地喃喃自语："奇怪了，装伙食费的信封看起来挺厚实的，但上面写了只有4万日元，这又是为什么呢？"

原来，这一秘密在于钞票的面值——里面全都是千元纸钞。

在出门购物前，她会从信封中取出等额的钱放入钱包中，而如果面值是1万日元的话，就很容易一不小心过度消费，所以才决定换成千元纸钞。可是，即使如此精打细算，她依然存不下钱。

现实是一旦伙食费超支了，就会用备用金填上；如果备用金用完了，就用暂未使用的医疗费补上……如此一来，预算的分类就失去了意义。

其实，预算的分类方式原本就存在问题。为不经常用到的医疗费特意设置一个分类本来就是多此一举，"杂费"这一定义也很难界定。预算的分类如果不符合自己的实际情况，根本就无法发挥出效果。

公认的好办法并不一定适合所有人，请一定要记住这一点。因为方法不适合自己而选择放弃是我最不愿看到的结果。

开始记账，就是现在！

😊**（横山）**一直以来我都认为，即使没有记账也不用悲观，只要践行"消""浪""投"理财体系，就一定能存得下钱。

当然，如果能有家庭账本，那是最好不过的了。

然而，我们家现在是没有记账的。这是因为我们已经对自家的支出情况了如指掌，而这一切都归功于曾经的家庭账本。

在制作家庭账本时，我们需要注重<u>家庭收支的可视化</u>。如果想要从过去、现在、将来这三个维度实现家庭收支可视化的话，没有比记账更好的办法了。

但是，请不要有心理负担，让我们以轻松愉快的心情开启记账之旅吧！

在此之前，我想介绍几个简单易上手的小技巧。这些技巧非常适合理财新手，能够帮助你实现"无痛"理财。

经常有人会问我要如何选购家庭账本。其实我认为无论是自制的账本还是市面上售卖的成品，都没问题。

只要根据不同颜色的荧光笔对计入的数字进行区分，形成可视化的数据，就是一本相当不错的家庭账本了。比如，用黄色标记消费，红色或粉色标记浪费，蓝色标记投资等。

此外，只需要一本笔记本和一支笔，你就能制作一本属于自己的原创账本，便捷又简单。

将平铺后的本子分为 8 列（其中 1 列为总计），再根据日期填写支出金额，一本简单的家庭账本就大功告成了。

你可以按照"消""浪""投"理财体系的分类提前规划每个模块空间，也可以像一般的家庭账本一样用颜色进行区分。

一开始可以不必太过纠结细节设定。比如"这属于教育支出还是娱乐支出呢？"这类问题是没有多大意义的，无须在上面过度浪费精力。

如果你能通过总计一栏了解自家的收支状况，知道每一笔钱都花在了哪里的话，那么即使分类稍微有些误差也无伤大雅。

比如说可以按照伙食费、日用品、外出就餐、服饰＆美容、交通、医疗、临时支出、其他等大类进行划分。

刚开始只需粗略划分，可以在逐渐适应、了解自己的必要开销后再进一步增加精细分类。

除了纸质家庭账本之外，还有 Excel 表格等计算软件以及电子账本等多种选择。但就过来人的经验而言，比起电子账本，我还是更推荐纸质账本。

上班族的财务自由计划

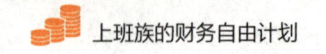

横山式"消""浪""投"理财体系家庭账本

	3/30（周一）	3/31（周二）	4/1（周三）	4/2（周四）	4/（日）	总计
消费	猪肉 380 米 3250	纸巾 272		食材 4560		10886 67%
浪费	冰激凌 270		漫画 540	打车 1790		2995 19%
投资		商务下午茶 520	商业书籍 1404			2294 14%
总计	3900	792	1944	6350		16175
每日一言	睡过头了！太颓废了！	像是感冒了 妈妈摔倒了	被丈夫骗了！根本就不可能中彩票！	眼镜不小心被踩了一脚，坏掉了		无比悲惨的一周

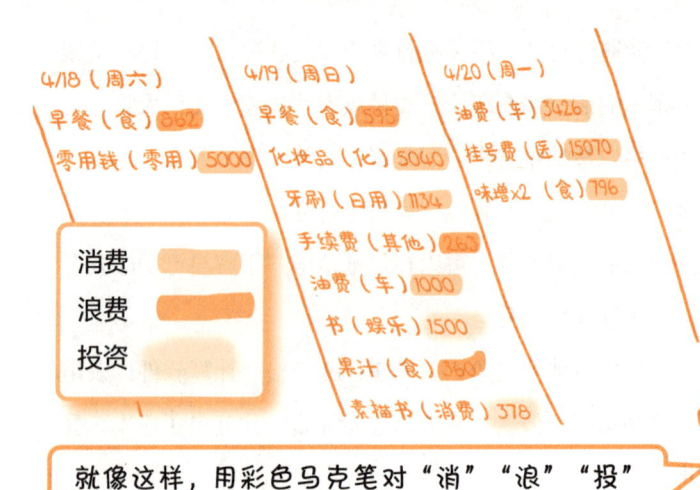

4/18（周六）
早餐（食）362
零用钱（零用）5000

4/19（周日）
早餐（食）595
化妆品（化）5040
牙刷（日用）1134
手续费（其他）262
油费（车）1000
书（娱乐）1500
果汁（食）360
素描书（消费）378

4/20（周一）
油费（车）3426
挂号费（医）15070
味增×2（食）796

消费
浪费
投资

就像这样，用彩色马克笔对"消""浪""投"进行标记分类就可以了！

126

其中一个原因是，不是所有人都适合记账软件。因为不适合自己的记账软件而放弃的话，就不好从头再来了。

此外，从成就感来说，纸质账本更胜一筹。特别是对新手而言，纸质账本更能轻松上手，也更容易成功。

这是因为从视觉上来说纸质账本更加一目了然。就跟比起电子表，人们更容易捕捉到传统表盘上所显示的时间是一样的道理。

而且，纸质账本更容易让人产生感情。面对一本记录了1年的纸质账本，大家都不会轻易舍得将其扔掉。因为这承载着自己一家人专属的记忆，从中可以了解到当时生活的点点滴滴，十分珍贵，世上独此一本。以手写的方式保存下来的人生轨迹、家庭生活的点点滴滴更容易令人记忆深刻。这些通过冰冷的数字无法表达出来的内在价值正是纸质账本的优势所在。

所以我强烈建议在家庭账本上设置专门的空间来记录自己每天的感想。

你可以像写日记一样记录当天发生的事情，也可以发发牢骚、自我反省或者是自卖自夸等。"啊！那个时候居然如此浪费。不过那天好像加班到很晚。噢！原来是太累了才不小心买了这么多东西啊！"就像这样，等将来回过头再来看的时候，也许你会获得一些意外的惊喜。

分类的魔力

（伊豫部）记账时，哪怕在分类上有一丝丝疑惑与烦恼，就有可能会大大挫伤坚持下去的动力。为了记账能够顺利进行，提前规划好分类名称不失为一个好办法。

这样一来，就不是按照消费类别按部就班地进行简单划分，而是依据自己的实际情况按照用途进行个性化设定。

比如说，超级主妇之友会的核心宗旨就是如何在有限的人生之中使得每天的家庭生活变得更幸福。为此，她们专门设定了"居住费"这一分类，这不仅仅包括房租、住房贷款、家具，还涵盖了水费、清洁用品费、地板清洁费等。

按照一般家庭账本分类的话，房租、公共费用以及日用品等都是分开的，但如果以人类生活所必不可少的"居住"需求来看的话，上述支出都可以被归类到居住费之中。

此外，还有一大分类叫作"保健卫生费"，里面包括了眼镜、棉签、保健品、香皂、沐浴露等。因为日用品的使用目的同为"保健卫生"，所以并不存在独立的"日用品"分类。

当然,"杂项费用"也是不存在的。其实我一直认为这一分类十分莫名其妙,毕竟你无法准确地定义究竟什么样的用途才属于"杂"。"交通费"也是如此。参加家长会所产生的电车费用属于"教育费",去游乐园所产生的高速费则是"娱乐费",与朋友喝茶所产生的巴士费属于"交际费",而去医院所产生的打车费可以划分到"医疗费"之中。

按照上述方法进行尝试后,我意外地发现自己能够更加清晰地掌握每一笔消费的意义所在。

根据自己的实际情况,我还原创了"汽车费"这一分类。我在统计车辆保险、停车费、油费等相关支出后发现,每个月在汽车方面的开销居然达到了上万日元,为此我甚至考虑过要不要放弃开车。

我还养了猫,所以新设置了"宠物费",里面包含了动物医疗保险、猫粮、猫砂等费用。

按照用途进行分类的话,就知道自己在哪方面花了多少钱,十分方便。

制定预算就能实现

（伊豫部）超级主妇们的目标是实现预算生活。她们认为提前设定1年的预算再根据预算去生活是最理想的状态。

听闻之后我不禁感慨道："也确实如此。不过按照既定预算生活的话该有多辛苦啊！"

居住在神户的美江是超级主妇之友会的成员，正是因为她，我才开始尝试在自己歪七扭八、奇形怪状的家庭账本上制定所谓的"预算"。

在阪神大地震中，他们家刚建好不到7个月的房子轰然倒塌，只留下刚刚开始还的住房贷款。就在这样的情况下，他们决定开启重建工作，并成功在15年内还完了双重贷款。

偿还旧房子的贷款对当时的家庭收入来说已经十分艰辛了，更别说还要还新房子的贷款。这究竟是如何做到的呢？针对这一疑问，他们给出了一个极其朴素的答案：削减一切可削减的支出。

比如不在百货商场买衣服，而是自己动手制作。用同样的图纸，通过改变布料的花样制作了3套3件套。

无论店里的面包有多美味都不购买,而是选择自己烘焙。那台称量小麦粉的烘焙秤早已变得破烂不堪,但在丈夫修理后居然又奇迹般地坚持了 15 年。

为了控制水费,他们甚至苦思冥想出了最节约水的洗碗方法。

可这样不辞劳苦的努力又能省下多少呢?对于以千万计算的双重住房贷款而言不过是杯水车薪吧?这是我听闻后的真实感受。如果这样的事发生在我的身上,我根本就没有勇气选择从头开始,估计早就放弃了。

就是在此般节约到极致的拼命努力下,美江不仅做到了,并且还乐在其中。

在拍摄完毕后回电视台的路上,摄影师感慨道:"如此开心地告诉别人自己的头发是丈夫剪的,这样的人我还是第一次见到。"

我终于明白,在棕色系发型如此流行的时代她却告别了美发沙龙,一直保持着一头黑色直发,大概也是因为丈夫头发剪得好所带来的幸福感吧!

为什么他们能够如此努力呢?

据说这是因为在地震后,他们从一片废墟中找出了刚刚记录还不到 1 年的家庭账本,并因此对自己的生活以及理财价值观有了更深刻的了解。

对美江夫妇来说,房子是一家人的依靠,是这世界上最重要的东西。因此，他们坦诚接受了通过家庭账本上的数字所表现出来的现实状况，估计了需要努力节约的年数并为此制定了预算，绞尽脑汁地思考能够在预算内生活的一切方法，最后全家人一起下定决心为此不懈努力。

因为制定了预算，所以知道只要按照预算行事情况就会好转，这就是他们拼命努力的动力。

"只要是自己决定的事情，就不会觉得辛苦。"

美江的这句话让我感受到了预算的神奇力量。

虽说如此，可对于从未接触过这方面的人而言，预算的制定并非易事。即使是现在的我也不敢说自己做得很好。

首先要预留出储蓄，再从能使用的生活费当中按照优先顺序制定预算。如果太心慈手软的话，就很难实现既定目标；可如果太过苛刻，也无法坚持下去。

在这里我想介绍一下"三分预算法"。这是美江所属的超级主妇之友会所践行的预算制定方法，如果提前掌握了这些方法的话，就能够事半功倍。

所谓的"三分预算"，指的是将预算分成三份，分别是：

● 基础费①（维持基本生活的必要支出）
● 基础费②（对于现阶段而言的必要支出）
● 宽裕费（能够自由选择的非必要支出）

具体来说，基础费①是指维持家庭基本生活所需的居住费、水电费、伙食费、服饰费、医疗费等。无关年代，大概包括的分类都是相似的，这一笔费用加起来差不多是 16 万至 20 万日元。

基础费②指的是阶段性的必要支出。如奶粉费（如果有婴儿的话）、子女教育费等。另外，虽然服饰费都被归类到基础费当中，但如果只是出于以衣蔽体的基本需求，那么应该被进一步归类至基础费①中；而子女的校服费、干洗费等则属于基础费②。

有趣的是，在这一方面每个人的想法都不太一样。

有的人认为车应该属于宽裕费；也有的人认为车是上班通勤的必需品，所以将其归类到基础费②之中。另外，关于大学学费究竟是属于基础费②还是宽裕费仍然存在争议。甚至有人认为伙食费、服饰费不属于基础费，只要有盐、油、醋就能烹饪出来的食物也不属于宽裕费等。

在超级主妇之友会中所给出的宽裕费例子为染发、外出就餐、旅行、宠物，甚至还有宽带费，这令我十分震惊。此外，在曾将手机归类到宽裕费的人群中，有越来越多的人觉得手机应该属于基础费②。

其实，这些定义都是因人而异的，只要适合自己就可以。

这样做的好处在于能够帮助我们认识到事物在自己心里的优先顺序。

处于第一优先地位的是基础费①，只要有这笔钱就能勉强活

三分预算法的分类参考

宽裕费

零食、保健品、家具、园艺、宠物、服饰、外出就餐、喜爱的食物、酒类、大学生教育、补习班、特长培养、交际应酬、拜访、接待、书籍、戏剧、电影、音乐、游戏、旅行、摄影、爱好、学习、染发、烫发、用于下一代的支出、网络、洗车、维修

基础费②

年夜饭、生日宴、餐费、婴幼儿奶粉、服饰费、酱油、家具、尿不湿、手机、住房贷款、住宅修缮、校服、干洗费、丈夫的西装、子女的服饰、幼儿园、小学、中学的学费、红白喜事的礼金、驾照、逢年过节的礼节性支出、探病、一次性保险、返乡、眼镜、隐形眼镜、工作方面的必要支出、零用钱、油费、停车费、年检费

基础费①

米、面、面包、副食品、味增、酱油、电费、燃气费、煤油、房租、物业管理费、水费、电话、火灾保险、内衣、家居服、医药费、常备药、健康管理费、理发费、家庭账本、慈善捐款

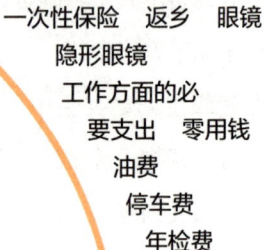

下去。我认为，是否知道这一金额对应对突发情况的心境具有十分大的影响。

比如说，降薪、裁员、受灾等经济危机到来的时候，我们就能马上做出判断，在相应方面削减支出。

超级主妇之友会的成员们都有一个共同的目标，那就是将基础费①的预算控制在 20 万日元之内。

如果按照横山式理财方法的话，基础费①与基础费②都属于"消费"，宽裕费则属于"投资"。

如果像这样将"消""浪""投"分为"消费""浪费"及"投资"，并根据自己的实际情况设定预算的话，那就更能够积极主动地争取实现目标。

成功存钱的好习惯

（伊豫部）为了能够存得下钱，我们需要做些什么呢？

"把每月的信用卡限额定在 2 万日元。""即使在店里十分想买，但还是先回去再说。""设定每周的生活费，然后按照这个要求来。"……即使是现在我也忍不住抱怨一句，如果真的那么容易做到，存钱就不会那么辛苦了！

如果不忍受煎熬就无法成功存下钱的话，那这个世界也未免太过残酷了吧！——我总是会像这样说一些丧气话。我就是这样一个没出息的人。

这时，横山又开始发表意见了。"能够充分认清自己的现状并且不受一时冲动影响，脚踏实地去尝试的人，最终能够做出成果，这真的是十分不错。相反，我也遇到过这么一些人，声称将我的书全部都读完了，但并没有付诸实践，也没有什么实质性的改变。就算读了 30 本书，如果不将书中介绍的理论知识付诸实践的话，也是白费工夫。读完一本书之后，希望大家都能够将其中有所感触的、自己也能够做到的小技巧运用到实际生活之中。

这就是改变的开始。"

啊啊啊，又开始了。

的确，行动是一切的基石。虽然如此，难道真的就没有能够更加轻松实现的小技巧与思维方式了吗？

行动心理学方面的专家、大阪大学教授池田新介先生曾经说过这么一句话——"习惯成自然。"意思是，不管结果如何，先去尝试，等慢慢形成习惯之后就能够自然而然地做到。这样一来，一旦不去做，反而会不适应。

当我第一次听到这个理论时，内心的小恶魔又开始毒舌了："我才不想这么做呢。"

因为已经形成习惯，所以就不会觉得有负担。听完这句话后，浮现在我脑海中的具体例子最多只有洗脸。

不过像刷牙、洗脸这种日常生活中必不可少的习惯，应该没有人会觉得麻烦而略过不做吧。习惯成自然大概就是这样一种感觉。

一旦形成习惯，身体就会自动想要去做这件事，因此就不会感觉到负担。所谓自动去做，是指无须思考，自然而然地采取行动。去哪里洗脸？接下来右手应该怎么做？眼睛应该在什么时候睁开？关掉水龙头之后接下来应该做什么？完全不需要为这些问题而烦恼。

实际上，对于人类而言，最困难的不是采取行动，而是对具体行动的判断与开始行动的决心。习惯性的行为不会造成负担的原因在于我们根本无须为此去做出判断或下定决心。

"做这些究竟是为了什么啊？""这不是在浪费时间吗？"……停！我们必须停止胡思乱想，立马采取行动！虽然这并非易事，但也要努力做到。

用横山的话来说就是"按一定顺序对ABC进行排列"。

A——即使是理所当然的东西

B——也要像傻子一样

C——努力做到

棒球选手铃木一朗是许多人眼中的天才，而我觉得真正精彩的是他本人口中无聊乏味的挥棒击球练习。就是这么简单又平凡的动作，他却日复一日地重复进行着大量练习，风雨无阻，从未缺席。正是已经形成肌肉记忆的挥棒击球练习成就了他在赛场上出色的表现。

这说明了一个道理，那就是：是否形成习惯决定了目标能否成功实现。

即使像我们这样的普通人也能**从习惯成自然中获得力量**。为此，我们首先需要**培养无须动脑就能做出判断的能力并创造条件**。

比如说，账户里只存储预算的金额、能使用的只有借记卡等，如果能够创造出这样的条件，那么我们也会自然而然地在所给定的范围内进行消费。没有选择就意味着无须做出判断。这让我想到了超级主妇曾经说过的一句话："界限意味着更轻松、更自由。"

更改自己的路线以避开容易进行"浪费"性消费的店铺；自己做饭以节约午餐费，为此在前一天晚上睡觉前将便当的食材摆放得当、方便第二天烹饪；等等。这些是我们需要形成的习惯。

我发现，记账这件事情成了我唯一的习惯。这还多亏了方便快捷的软件技术。只要在 Excel 表格中提前插入计算的函数，无须动脑，只需输入数字就能轻松地完成记账。

其实，我这个"半吊子"所创建的 Excel 账本充其量只是业余水平。不知道是不是触发了一些奇怪的宏指令，只要一输入数字就会自动标黄（黄色代表"消费"），导致整个账本中的所有支出都变成了"消费"，与事实严重不符合。可即使如此也瑕不掩瑜。

因为比起颜色，只要一输入小票上的金额就能立马知道自己有没有超支，这种自动计算的功能对我来说才是最重要的。一旦我在修改的过程中不小心操作失误导致无法自动计算了，那可就本末倒置了。所以，即使满屏黄色对眼睛不太友好，我也决定随它去了。

还有一个帮助我们形成习惯的秘诀，那就是**在行动的时候不掺杂任何感情**。

在遇见横山之前，我从未想过受情绪支配是一件如此危险的事情。反而觉得，对事物抱有好奇心与新奇感才是成功的捷径。所以，当我想做好某件事情的时候，总是会努力寻找其中的乐趣所在。可这就斩断了一切自己不感兴趣的道路所蕴含的可能性。一旦无法从工作中找到乐趣与兴趣，我就没有办法做好。

其实在早上上班之前，我经常会产生"不想上班"的情绪。嘟嘟囔囔地抱怨着："啊！我不想上班！想逃走！不想去公司啊！"说罢瘫在沙发上，屁股紧紧地贴着沙发，并且如果一切顺利的话，还会企图翘班。这时，见情况不妙后，丈夫就会直接把车开到公寓门口径直送我去公司。没办法，我只能上车了。在前往公司的路上，我时而暴躁时而哀嚎，但到了公司大门口被赶下车之后，我只能乖乖地走进去，没有其他选择了。

即使有时候是以如此消极厌倦的情绪开始工作的，但一天结束后发现自己一开始以试试看的心态所做的事情居然做得还不错，于是万分感谢决定尝试迈出第一步的自己。

丈夫曾经对我说："喜欢还是不喜欢都无所谓，不要去想这些东西。反正是必须要做的，不要想太多去做就可以了。你的缺点就在于容易情绪化。"

可恶！明明是他欠了一屁股债让我也跟着他受苦，居然还敢大言不惭地给我讲起大道理来了。不过，他说的也许还真有点道理。

在处理某些事物时，我们一下子就能打开不掺杂任何感情而只是行动的开关。

家庭主妇 S 女士是横山的客户，今年 50 多岁。对她而言，这个开关就是工作。

三个儿子的学费曾经压得她苦不堪言，求助于横山后被指出存在伙食费过多的问题。当时她们家每个月的伙食费为 12 万日元。

以前的她认为孩子们正在长身体，再加上自己也想吃，另外又不是什么高级牛肉、鳗鱼等昂贵食材，所以多买点也没关系；同时，因为讨厌提前制定计划然后按部就班行动的束缚感，所以也从未提前规划过每日的菜单。

后来，她发生了翻天覆地的改变。开始花时间去思考肉类与蔬菜的营养均衡搭配，即使用少量的肉也能制作出令人满意的菜肴；第一次尝试制定计划，先决定了菜单再去采购相应的食材。

在她的不断努力下，终于成功将每个月的伙食费控制在 5 万日元之内，这与原来的 12 万日元相比足足减少了 7 万日元，可以说是一个相当了不起的成就。

而成功的背后就是习惯的力量。

在被横山指出问题后，她并没有去辩解与争论，而是下定决心老老实实地咬紧牙关去采取行动。使她发生改变的"咒语"就是一句话:"因为这是我的工作。"

"起初很痛苦。但一想到这是工作,身体就会不由自主地开始动起来。逐渐习惯了之后,一旦不这么做,反而会不太适应。我已经不想再回到过去那个状态了。"

这真是一个了不起的转变。

现在的她像打了鸡血般动力十足,认为只要相信自己能够理好财,并以这样的心态生活的话,慢慢就一定能存到钱。这样的心态让她逐渐动力倍增。

当我们在行动中不掺杂任何情感的时候,就能够真切地感受到本就存在的幸福。

这与下棋是同样的道理。棋艺不精的人在落子前无论如何斟酌思考都无法改变既定的事实。若是一个劲儿地在脑海中胡思乱想,先入为主地认为"这件事情十分痛苦",最终也是原地踏步,毫无进展。但当你摒弃一切杂念,尝试迈出第一步的时候,说不定就能成功。

只要形成了习惯,一切都会水到渠成。

储蓄达人的性格特征

（横山）在你下定决心要存钱之后有一点值得留意，因为这关系着你最终是否能够成功。

那就是**不要拘泥于琐碎的细节，以轻松愉快的心情去做出尝试。**

"核账的时候有 310 日元对不上。""晚上我陪客户去喝酒了，后来也吃了饭。这算是正常的伙食支出吗？还是外出就餐呢？或者是属于人际交往费？"有许多人都像这样喋喋不休地去纠结一些无关痛痒的琐碎细节。

甚至有人会因为昨天有 20 日元对不上账而打电话向我求助。虽说努力复盘不是坏事，但过度纠结不必要的细节也许会成为你存钱路上的绊脚石。

我是理财方面的专家，所以平时可能会给人一种"天下万物，唯钱独尊"的印象，但实际上对大家来说**肯定还有比钱更重要的事情吧！**

钱固然重要。但家人、工作、梦想与兴趣爱好，以及自由的空闲时间等,这些难道不比钱更重要吗?

这样的想法也有自己的道理,你完全可以按照自己心中的优先顺序对事物的重要性进行排序。如果在这一前提下,能够在力所能及的范围内将理财做到极致的话,便是最理想的状态了。

其实,在这个快节奏的时代,大家都忙于生活、工作,很少有人真正能够抽出专门的时间心无旁骛地理财。

所以我建议大家像俯瞰大地一般,从全局观的角度去看待理财。比如说,如果你想形成记账的习惯,那么一开始就无须过分纠结分类与内容,即使金额存在一些误差也没有关系,最重要的是以一种积极乐观的心态将这一习惯保持下去。

说起来惭愧,其实在上小学的时候我的成绩不是很好,因此吃了很多苦头。特别是老师在暑假布置的那种阅读并且要写读后感的作业,更是差点要了我半条命。而这一切的原因都在于我太过"一根筋"了。在阅读的时候,我习惯从头到尾、不疾不徐地细细品读,潜意识里一直要求自己必须沉下心来读进去。这与记账时必须不差一分一毫的心态是一样的。

可越是这么想,就会在这上面浪费越多的时间,最终导致失去了对故事全局的把握,遇到没看懂的地方就强迫性地翻回第一页重新开始。如此反反复复,最后终于不胜其烦,半途弃书而逃了。诸如此类的情况真是不胜枚举。或者是眼看快要赶不上了,就哭丧着脸向哥哥求助。

有一次，我向读后感经常获奖的同学请教了写读后感的秘诀。他是这么回答的："首先，快速地通读一遍。然后，看看整体的框架。看完后再读一遍。最后再看后记。"

从事这份工作以来，我经常会被问及记账的秘诀，每每这时，我的脑海中总会浮现出他说的话。

"首先，快速地通读一遍。"→轻松上手（实践）

"然后，看看整体的框架。"→做到一定程度后粗略浏览（把握全局）

"看完后再读一遍。"→关注自己在意的数字与笔记，了解自我倾向（分析）

"最后再看后记。"→对今后的思考（感想）

最后的感想指的是记录在账本上的心情与感悟。不通过数字，而是通过文字的形式将过去的所思所想以及未来的尝试、打算记录下来，一吐为快。

大家可以像这样没有任何心理负担地开启记账之旅。请务必注意一定不要陷入完美主义之中。

在我所遇见的人之中，更容易取得飞跃式效果的往往不是那些每天一丝不苟、规规矩矩进行记账的人。相反，那些看上去不是很美观，充满了神秘暗号、印记、颜色的账本更容易取得惊人的胜利，因为这样的账本往往已经形成了自己的记账体系，除了记账者本人之外，谁也无法参透其中的奥秘。而且，这样一来既能够适当偷懒又可以节省精力，更有助于习惯的养成，也更容易坚持下去。

此外，坚持自我风格也很重要。

在帮助客户解决完问题之后，我会邀请他们3年后再进行一次"复诊"。在这一过程当中我发现，那些在3年之后还能保持同样的状态，不失败，能够把记账当成习惯坚持下去的，并不是那些严格要求自己一定要做到的人，而是不疾不徐，以平常心来面对的人。

此外，那些在初次尝试记账的过程中，因遭受挫折而在放弃与从头再来之间循环往复最终成功的人，在3年之后不仅在心理层面得到了成长，就连当初所学的知识也依旧掌握得很牢固。

那些花了时间让身体逐渐去适应的习惯最终也成为身体的一部分。

这也就是我对帮助他人重新构建家庭记账体系如此感兴趣，并且将其作为热爱的事业一直坚持到现在的重要原因。

第四章

全家老小齐动员

可视化大作战

（伊豫部）节目播出后，收到的大部分观众来信都是"家人们不支持我的想法，该怎么办呢？"等烦恼。这一点我十分感同身受，真的！

明明妻子难得干劲儿十足一回，想要好好存钱，却被家里人拖后腿，这该是多么遗憾的一件事啊！

在这一章中，我将会毫无保留地介绍横山式改变丈夫的众多小窍门。

首先是可视化大作战。

无论是家庭账本还是手写的预算表都可以。

把家庭的收支情况"啪"的一声贴在丈夫目所能及的地方吧！

这里需要提醒一下大家，绝对不要只轻描淡写地丢下一句"看看这个"就觉得万事大吉。请务必要张贴在他能看见的地方。

诶？就这么简单吗？

也许你会觉得"可视化大作战"这个名字十分奇怪，像是电视行业从业者随随便便取的一样。可这其实是横山所有的隐藏技能中最一针见血、成功率最高的一个。

第四章 | 全家老小齐动员

美由纪是一位全职主妇，曾经接受过"朝一"节目的采访。她总是因管理家庭支出而闷闷不乐，因为无论自己多么努力节约开支，丈夫总是会为了一些可有可无的兴趣爱好大手大脚地花钱。可即使如此，当面对挣钱养家的丈夫时，那些要减少他的零用钱或者兴趣爱好支出的要求终究难以说出口。真是痛苦啊！

在横山的建议下，美由纪半信半疑地开始了可视化大作战。她在撕下来的废弃日历纸后面制作了一个名为"本月家庭预算"的表格，明确地设定了各项支出的预算。然后，她把这张纸贴在了沙发对面的墙上，正对着早已被丈夫坐变形的位置。只要坐在这里，即使他不情愿也总归会看到。

当天晚上，丈夫注意到了这张纸，并问她这是什么。

"嗯，这是这个月的家庭预算。"她假装不经意地回答着。

"家庭预算？"

"嗯。怎么说呢，我一个人用账本记录的话总觉得看得不是很清楚，所以稍微把它放大了一点。"

听罢，丈夫"哦"了一声，然后伸手去抓电子游戏的手柄，最终这个巨大的家庭账本没有再次出现在二人的对话之中。

就这样相安无事地过了1个月。到了发工资的日子，丈夫不经意间的一句话让美由纪开始怀疑自己的耳朵。

"老婆，我的零用钱不再减少一点的话，家里负担是不是很

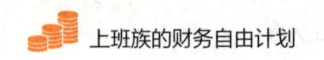

大啊？"

听到这句话之后，美由纪在心里发出了震惊的尖叫声，但她选择继续保持沉默。这时丈夫又开始说了。

"我的零用钱其实还可以再减少1万日元左右哦。"

由于被突如其来的喜悦冲昏了头脑，美由纪差点就随口答道："哎呀不用啦！"真是好险。

（横山）男人往往都不喜欢按照别人的命令做事。

即使明明知道这是件好事，但一旦是以命令的口吻说出来的话，他们就丧失了行动的兴趣。当妻子进行情绪性抱怨的时候更是如此。男人真是麻烦，但还是请多多理解，并且充分地利用这一点。

我们需要创造一个合理的切入点，让丈夫以为是自己主动发现并对其抱有兴趣的。忍住不要直接告诉他，而是让家庭支出的情况自然而然地进入丈夫的视线，进一步深深地映入他的脑海之中。

其实，有很多方法都可以帮助我们做到这一点。

比如说，**故意将家庭账本遗忘在厕所**。也可以在厕所设置一个书架专门放账本，这样一来一天24小时，只要进入了厕所就能看到。之所以这样做，是因为人在上厕所的时候会习惯性地观察手边触手可得的东西，也会对它们更有兴趣。

一般来说，比起文绉绉的信，男人更容易理解数字等直白客观的东西，所以在这件事情上千万不要尝试通过书信的方式企图晓之以理、动之以情地去感化他们。

零用钱的魔法

🧑(伊豫部)接下来,要为大家介绍一下横山的终极魔法,准确来说,是他的妻子博美的魔法。

一位家庭主妇找到横山诉说了自己的烦恼:想要削减丈夫的零用钱,但又怕他产生抵触情绪最终演变成争吵。这就是这个魔法产生的契机。

这一方法的厉害之处在于,**明明削减了零用钱,却让丈夫产生自己赚到了的错觉**。此外,甚至还能让丈夫也努力地参与到节约存钱计划之中。像这种能够化腐朽为神奇的方法被称为"魔法"也不为过吧?当然,实现这一目标的前提是妻子也足够努力。

好了,言归正传,我们就来看看这三个堪比魔法的小技巧吧!

1. 爱心便当大作战

其实,大多数情况下丈夫的零用钱都花在了午餐、饮料等食物上,当然个别家庭的零用钱还包括理发费、干洗费等。为此,丈夫其实也在精打细算。

在这样的情况下，对丈夫来说大部分零用钱都花在了必要性支出上，而真正能让自己充分自由支配的部分可谓是少之又少。如果零用钱不包括午餐费等，而是完全可以自由支配的话，丈夫一定会非常乐意。

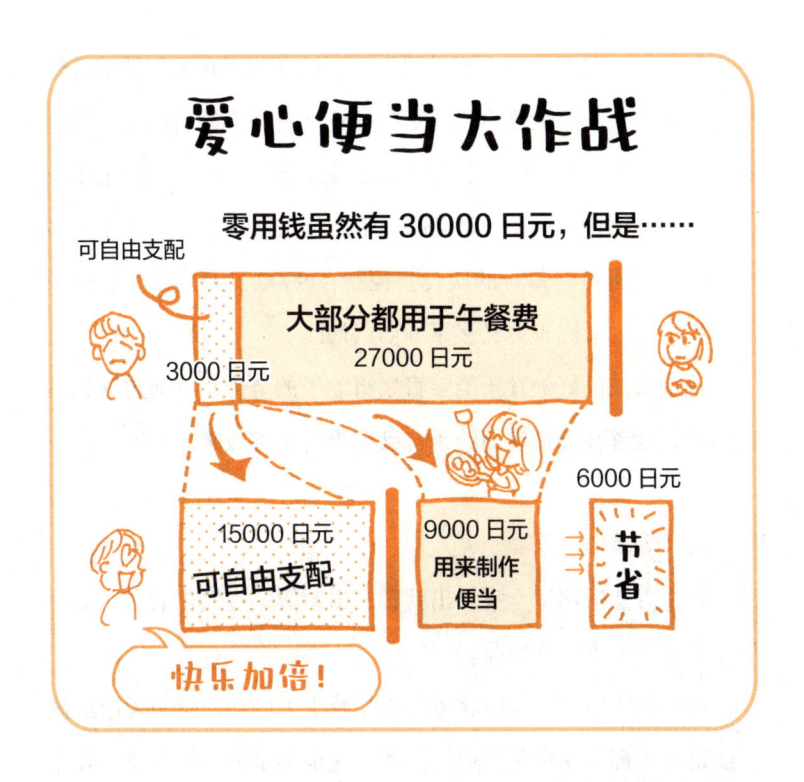

爱心便当大作战

零用钱虽然有 30000 日元，但是……

可自由支配
3000 日元

大部分都用于午餐费
27000 日元

15000 日元
可自由支配

9000 日元
用来制作便当

6000 日元
节省

快乐加倍！

好了，接下来你可以这么切入话题：

"你现在每个月的零用钱是 3 万日元，如果我给你做便当的话，能不能把零用钱减半用于补贴家用呢？你看啊，如果某一天来不及做便当的话，我会另外给你 800 日元。这样一来，虽然你的零用钱减半了，但是这一笔钱你可以想买什么就买什么，随意使用。"

怎么样？只要不是动不动就喜欢下馆子或者在某家餐馆有外遇，大多数丈夫都会欣然接受吧？毕竟此前他们能自由支配的只有 3000 日元，而现在变成了 1.5 万日元，足足是原来的 5 倍！

那剩下来的 1.5 万日元就可以用于补贴伙食费，只要妻子多费点心，还可以将每月的伙食费控制在 9000 日元之内，这样一来，每个月的家庭预算又多了 6000 日元。

这个做法的好处在于能够直接将妻子的努力程度通过存款体现出来，能够在心理层面给予自己极大的精神鼓励。

2. 可靠爸爸大作战

这个方法适用于全家外出就餐、出游等家庭娱乐的费用需要从家庭预算中支出的情况。

如果休闲出游、外出就餐的机会减少了的话，想必无论是孩子还是丈夫都会怨声载道吧！当然，这也不是妻子的本意。既然如此，只能拿丈夫的零用钱开刀了。那究竟该怎么做呢？

可靠爸爸大作战

零用钱 15000 日元

外出就餐、休闲娱乐 15000 日元

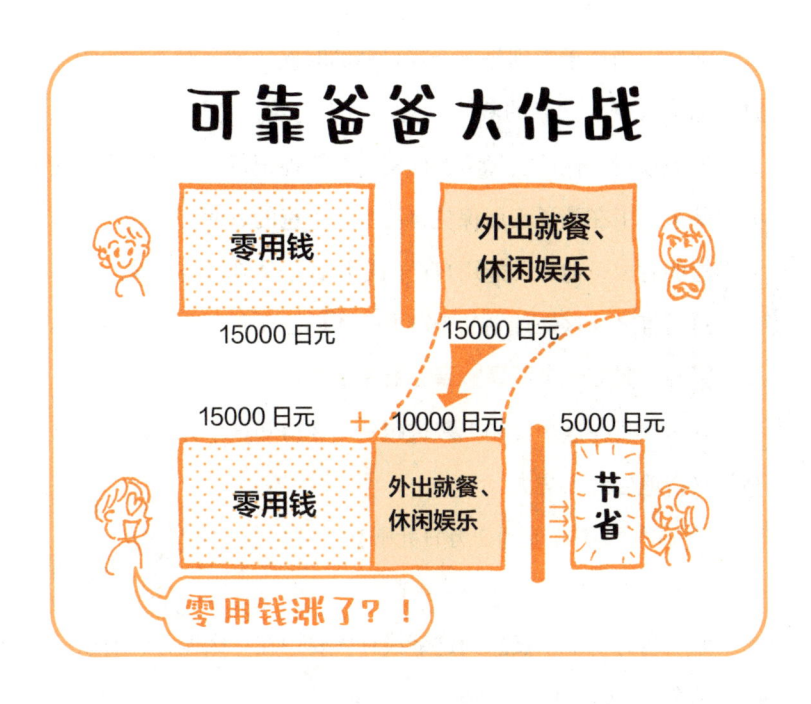

15000 日元 + 10000 日元　5000 日元

零用钱　外出就餐、休闲娱乐　节省

零用钱涨了？！

假设目前每月的休闲娱乐支出为 1.5 万日元，你想将其缩减到 1 万日元。这样的话，不妨试试将这 1 万日元全部都算在丈夫的零用钱之中。

"这 1 万日元我们交给爸爸，那以后出去吃饭、出去玩的时候就麻烦爸爸来结账啦！当然，剩下的部分爸爸想怎么用都可以。"

这样一来，就让丈夫产生了一种零用钱增加了的错觉。

而且，当孩子看到是爸爸在付钱的时候，就会对爸爸更加崇拜。而丈夫身为父亲的威严也会进一步提升。丈夫心情舒畅后，为了避免浪费，他还会思考如何精打细算地把每一笔钱都用在实处。甚至为了在孩子面前保住自己身为爸爸的颜面，当这1万日元不够的时候，他还可能用自己的零用钱来填补亏空。

总而言之，这一计划的**关键就在于通过让丈夫付款来帮助他在孩子面前树立一个可靠父亲的宏伟形象。**

其实，我在这个计划上栽过跟头。我得知这个方法之后，立马就兴奋地告诉了丈夫。

"把你的零用钱涨到2万日元吧！"

丈夫大喜。

但是当时一下子没想到这笔钱具体要用在什么地方，所以最终还是全部落入了他的口袋。

（糟了！话说早了！必须得好好想想哪些钱可以让他付的……可恶，一时想不到！）

自那以来，我就假装这件事情没发生过。可丈夫总是一脸憨笑地追着我问："老婆，你上次不是说要给我涨零用钱吗？什么时候涨啊？"

"涨钱可以，但是与电脑相关的一切支出和看电影你都得包了。"不知道现在再加上这么一句丈夫会不会欣然接受。

3. 直接激励大作战

除了上述两个方法之外，还有一个更简单的方法，就像用一根胡萝卜引诱驴去干活一样，这就是直接激励法。

想要涨零用钱，就必须一起节约。

在节目中，有一位家庭主妇对丈夫洗澡时间过长而感到不满："说了好多次了，可他总是当成耳旁风。还口口声声地说洗澡是他的个人休息时间，让我不要干涉。可是每天早上水都哗啦哗啦地流着，每个月的水费都要 2 万多日元。"

果然，沟通方式是最重要的。

在横山的建议下，她换了一种说辞，跟丈夫说道："老公，我想给你涨一点零用钱。可是，每个月的家庭开销就已经很紧张了，所以需要削减一下其他花费。我发现咱们家的水费比一般家庭都要多，如果这方面能够减少一点的话，那省下来的钱就给你当零用钱。"

居然获得了意想不到的成功。

一询问才得知，丈夫每个月的零用钱是 3 万日元，几乎全部都花在了午餐、理发上。

"那确实是有点惨了。"

面对横山的感慨，这位主妇也对自己进行了反省。

于是，她决定给丈夫涨零用钱。

后来，也许是因为丈夫手头宽裕了些，他不再像以前一样过度依赖洗澡来缓解压力了。相反，正因为有更多的钱能够自由支配，他更加感谢妻子的付出。现在，一起去超市购物的时候，两个人还会齐心协力地商量有没有更节约的办法。

就这样，随着丈夫也加入了省钱大作战，家庭的总体支出减少了。

其实，这一方法算是杀敌一千自损八百，也是对妻子包容程度的一大考验。

😊（横山）钱是一种很神奇的东西，**只要稍微改变一下用途，同样的钱也会带来截然不同的效果。**

有人可能会觉得这是为了达到节约的目的而不择手段地去欺骗自己的丈夫，觉得妻子城府深。其实正相反，如果妻子不尊重自己的丈夫或者对他没有包容、怜爱之心的话，直接激励大作战是根本不会成功的。

想必大部分丈夫都不会是软硬不吃的极度自私之人。

如果丈夫愿意为了家人而牺牲一部分自己的快乐，并且能从中获得满足与幸福感的话，那这对夫妻双方来说就是双赢。"为了达到目的而欺骗丈夫"一说根本就是无稽之谈。

投资丈夫就是投资家庭

（伊豫部）横山认为，**能存下钱的家庭，夫妻间一定有很深的信赖与感情基础**。如果没有的话，妻子根本不会投资丈夫。

但是，妻子需要在合适的时间投资丈夫。

那是什么时候呢？

如果能准确地判断出这个关键时间点，那你说不定就是夫妻关系领域的专家了。

不对，如果信任并且深深地爱着自己的丈夫的话，做到这一点不就是信手拈来的事吗？

佳代子是一位全职主妇，今年52岁。每周她都会将超市的广告宣传单一张一张地铺满桌子，用红笔圈出值得购买的优惠商品。

然而，在18年前，一场危机悄无声息地来到了这个家庭。当时，长男刚刚出生不久，初为人母的佳代子光是照顾孩子就忙得手忙脚乱、精疲力竭。可丈夫不仅不帮忙，反而不知道从什么时候开始下班之后不会立马回家了。

突然有一天，佳代子接到了银行的电话，对方说房贷账户因余额不足无法正常扣款了。这一消息宛如晴天霹雳，让佳代子眼前一黑。询问丈夫后才得知，原来他下班后不回家是去了弹珠游戏厅，把这些钱都赌光了。

"知道这一真相的那一刻，感觉有什么东西'啪'的一声崩断了。"佳代子说道。

她对这样的丈夫无比失望，同时也十分自责，深感内疚，认为是自己逼得丈夫下班后不想回家，是自己没有对丈夫给予足够的关心。

这件事发生后的好几年时间里，不知道丈夫是否也深感自责而无颜面对妻子，夫妻间似乎产生了隔阂，不再能够畅所欲言了。

某天，当佳代子正在做家务的时候，无意中发现丈夫正在翻阅一本相机宣传手册，摄影是他年轻时的兴趣爱好。丈夫入迷的样子深深地触动了她。

"他非常认真地在看，像孩子一样纯粹。我印象中相机都挺贵的，问了他这部相机大概要多少钱之后，才发现要16万日元。"

确实很贵，但咬咬牙的话也不是买不了。

佳代子这么想着，不知不觉中"那我们也买一部？"就脱口而出了。

听罢，丈夫喜出望外，两眼放光："真的吗？！可以买给我吗?"

回忆起丈夫宛如孩童般的笑容,佳代子不禁湿了眼眶。

买了相机之后,丈夫每周末都会出门采风,去拍拍街道的变迁和路边的花花草草。早上乘坐公交车出门,傍晚回来整理一天的成果。有机会还会兴奋地向佳代子讲述摄影时的趣闻轶事。最后,一拿到零用钱也不立马挥霍殆尽,而是存起来买新镜头。外出采风的时候,丈夫坐在附近公园的长椅上一边大口大口地吃着佳代子制作的饭团,喝自己从家里泡好了带来的咖啡,一边小声地说:"要换在以前,我才不会这么做,因为太丢脸了。"

当被问及为什么发生了如此巨大的改变时,丈夫沉默了一会儿回答道:"因为在做自己喜欢做的事情。"

现在,她的丈夫还主动承担曾因嫌麻烦而避而远之的公寓业主委员会的工作,变得积极主动了起来。关于垃圾处理、公寓管理等大大小小的事务,他都会认真地用电脑撰写文案、设计并张贴宣传单等,即使烦琐也事无巨细地积极主动完成,得到了周围邻居的称赞与感激。

此外,生活方面也张弛有度,身体健康情况也得到了逐步改善。看着丈夫生龙活虎的样子,佳代子内心满是喜悦。

在拍摄的时候,佳代子的丈夫偷偷给工作人员看了一样东西。他打开梳妆台旁的圆形梳妆椅,拿出一个装满500日元的存钱罐，得意地说："藏在这里肯定不会被发现。"

这不是很容易就被看出来了吗？工作人员内心想着但没有说出口。当被问及用途时，佳代子的丈夫表示想用这些钱送妻子礼物以示感谢。

后来，当我们询问佳代子本人丈夫送了她什么礼物时，她侧过头撩起了头发，露出了石子般大小的耳饰，说道："他为了感谢我给他做便当，存到 10 万日元的时候，拿出了 2 万日元给我买了这个。我真的太开心了。"

从前那个总是透支零用钱，甚至还将手伸向家庭预算的丈夫简直跟变了个人一样。而这一切都来源于佳代子对丈夫真挚的爱。为爱花掉的每一分钱兜兜转转还是会回到原点，并且能够带来更多的幸福。

后来，随着退休年龄将近，佳代子夫妻二人商量好了要为了快乐健康的老年生活注意膳食搭配、一起运动。

当我看到金钱为夫妻二人带来如此巨大的影响的那一刻，我才深刻地感受到了钱的魔力。

当初，无论佳代子对钱有多么大的欲望，结果总是事与愿违。而现在，仅仅是夫妻间的相处模式发生了些许变化，存钱也变得越来越顺利。改变金钱认知使得夫妻关系发生了天翻地覆的变化。

这令我不禁开始反省：如何用钱能体现出一个人的生活方式、生活态度，比起一个劲儿地在脑海里反复细数焦虑、闷闷不乐，还不如专注于眼前的一切，脚踏实地地生活。

夫妻间的隔阂与金钱关系

🙂（横山）从业多年来，我曾帮助无数个家庭处理过财务问题。我发现那些难以存下钱的家庭都有一个共同点，那就是夫妇各自管钱。这样的情况在丁克双职工家庭十分常见。

有些家庭是夫妇各自支付指定分类的模式，比如丈夫负责支付房租、水电费、供暖费、保险费，妻子负责伙食费、通信费、日用品支出等。也有一些家庭除了双方共同的支出是对半分之外，其他的人际交往费、娱乐费、医疗费等基本都是夫妻各自支付。

也许是出于自己的收入自己做主或是拥有个人的支配空间的想法，这些家庭的财政大权往往很难独归一人所有。

也许有人会觉得这样的管家方式充分尊重了双方的自主性，只要能够存得下钱，也不失为一个好办法。

诚然，无论黑猫白猫，能抓到老鼠的就是好猫。可遗憾的是，迄今为止我从未见过分开管家的家庭能够存得下钱的例子。

出现这样的情况往往是因为夫妇中的某一方过于挥霍。而更令人震惊的是，部分夫妇都觉得对方会好好存钱，而在这一层窗户纸被捅破之后才发现，二人根本就没有任何积蓄，有时甚至瞒着对方欠下了一大笔债务。这样的例子真是比比皆是。

分开管家的夫妇往往会宽于待己，严于律人，容易将希望寄托在对方身上。

此外，有些家庭虽然是共同管家，但是"家庭预算"与"丈夫的零用钱"却形成了明显的对立。

许多主妇经常向我抱怨："丈夫觉得是我抢走了他辛苦工作赚来的钱。所以只在意自己的零用钱是减了还是涨了，根本就不关心家里的财务状况。"从她们的抱怨声中我感受到了夫妻间明显的隔阂。

因此，如果想要夫妻二人同心协力共同存钱的话，首先我建议**打破分开管家的局面，将家庭收支统一管理**。

其次，有效沟通也十分重要。夫妻二人应该在相互信赖的基础上，开诚布公地讨论家庭财务。

如果你总是存不下钱，那很有可能是因为夫妻间的沟通不到位，需要好好地思考原因。

每当接受新委托的时候，首先我会仔细观察委托人，找出夫妻间的隔阂。有的时候，只要多见几次面就能一目了然了。

比如，我曾经碰到过这么一种情况。

妻子对丈夫言听计从，千方百计地想要满足丈夫的要求。

为了满足对食物挑剔的丈夫，她每天都会绞尽脑汁地去构思符合丈夫要求的菜肴。在外界看来，她就是当之无愧的贤妻良母。可是，这样的家庭往往很难存得下钱。

那么，问题究竟出在了哪里？

会不会是伙食费过高了？除了这一情理之中的猜想之外，还存在其他可疑的地方。比如购买了过多的保险或者正相反完全没有买保险、娱乐性支出过度、外出就餐频繁等。

总而言之，问题的原因在于夫妻二人共同决策的支出过于庞大。以这个家庭为例，夫妻二人在情绪上的付出并不是对等的，为了避免冲突，妻子总是会满足丈夫的任何要求。

最终，这种情绪方面的隔阂与不对等就通过家庭收支的方式表现了出来。

除此之外，还有很多情况也屡见不鲜，比如：丈夫在妻子面前低声下气、一味忍让；过去的某些经历使得妻子不再信任自己的丈夫；丈夫要求过高导致妻子只能委屈自己……

其实，这种情绪方面的隔阂与理财能力毫不相关，但却时常会拖后腿。不知道为什么，夫妻当时丝毫都没有注意到它的存在。

一旦注意到产生了情绪隔阂，并且能够相互弥补，夫妻的储蓄能力就能直线上升。为此，我们需要充分把握伴侣的实际情况。能做到这一点的夫妻与不能做到的夫妻间的差距可谓是天差地别。

归根结底，我建议大家统一收支管理。但其实真正统一的却不仅仅是金钱。

我的初衷是**希望夫妻能够通过统一收支的方式形成二人共同的思维模式、价值观，拧成一股绳，形成合力**。这与相互协商、相互沟通是密不可分的。

经常有人会觉得这很难做到。但即使如此，也希望大家能够为了自身的幸福再加把劲儿。毕竟，如果夫妻间连最基本的信任都没有的话，何谈存钱呢？

接下来，我会列举部分金钱话题供你参考，这些话题都十分容易深入推进，适合夫妻共同讨论。

- 重新探讨保险的必要性
- 讨论投资信托基金

以上话题的关键在于"协商"二字。此外，还要用数据说话。

在谈话时，比起感性因素，男性往往更容易接受数据，因为这更能帮助他们直截了当地做出判断。

比如说，当你向丈夫表明想要增加资产，希望先通过购买500日元基金的方式进行尝试，但不知如何下手的想法时，说不定他还会仔仔细细地帮你分析、调查一番。

"共同行动"是探讨金钱问题的第一步

（伊豫部）夫妻本应该是彼此最亲密的人，在某些方面为什么却总是话不投机半句多呢？

就我自身而言，我总是跟丈夫有说不完的话，可是一涉及钱的话题，我就不太乐意这么做了，因为觉得太过麻烦。可能是因为潜意识觉得如果要跟丈夫谈钱的话，就不得不做好进入对方内心深处的准备。

目白大学研究生院心理学研究科教授涉谷昌三先生在接受采访时表示，从心理学的角度来说，在金钱方面的态度最能体现一个人的内在价值观。

也就是说，与别人探讨自己的金钱观就等同于毫无保留地将自己展示在对方面前。

我从涉谷教授那里学到了一个夫妻间的心理学小技巧，那就是"共同行动"。

所谓的共同行动，就是指为了实现某个目标或者完成某个任务而一起努力。形象地说，就是将二人间的距离缩短到1米左右，为了共同的目的朝着共同的方向并肩作战。

据说这会产生如志同道合者般的凝聚力与默契，无须通过语言，即使一个眼神也能明白彼此的想法。

家庭主妇美由纪曾在可视化大作战中大获全胜，可是，在两年之后她却陷入了瓶颈期。一切的原因都在于她实在不知道如何向丈夫表明缩减零用钱的想法。

虽然平时夫妻二人也会开开玩笑，但面对赚钱养家的丈夫，她实在是难以开口。

在接受了涉谷教授的建议后，美由纪决定试试"共同行动"。

平时，在丈夫玩游戏玩得正入迷的时候，即使她企图与丈夫进行面对面交谈，对方也只不过是随意敷衍两句后又继续投身于游戏的世界。所以，这一次她选择坐在了丈夫的旁边什么都不说，只是单纯地坐在那里静静地看着游戏画面。

几分钟过后，丈夫终于对美由纪忍不住随口一提的自言自语有了反应，借着这个话茬，美由纪终于能够与丈夫好好地就金钱方面聊一聊了。

没想到"共同行动"居然有如此神奇的效果，这令美由纪大为兴奋，她开心地表示，这让他们在涉及金钱方面的夫妻关系终于朝着好的方向发展。

交替管理 共同钱包 ☆也就是所谓的 "家庭钱包"	**看同一个 电视节目** ☆不留空隙地紧贴并 排坐下
与共同的 夫妻朋友一起吃饭 ☆能够产生心理上的 "团队感"	**夫妻二人独处喝茶** ☆不要看电视、报纸、 杂志等

存钱秘诀之 夫妇的共同行动 超神奇

"共同行动"打破了心理壁垒,使得夫妻能够暂时从平时的相处模式中脱离出来,用更加严肃认真的态度讨论正事。美由纪表示,"共同行动"使她再次认识到了这么做的重要性。

除此之外,"共同行动"还有别的表现形式(具体请参照第172页)。这些都是经过涉谷教授亲身验证的、行之有效的好方法。

顺便说一句,在尝试的时候还需要注意一下语言表达。据说,"我们一起……""我想我们……"等能够体现共同参与的表达会更加有效。

横山家了不起的"妻子力"

（伊豫部）对于在节目中曾一吐苦水的家庭主妇们，横山曾不止一次地建议她们"不妨试试让丈夫去超市采买"。

实际来到超市后，就能够了解柴米油盐的价格，知道一天大概需要多少食材，什么叫做按照预算来采买等，丈夫能够切身感受到真实生活中的当家作主是一种什么体验。

"到时候，丈夫说不定还会埋怨你买贵了，明明那个更便宜之类。这时无须与他争辩，只要一个劲儿地感谢他就行了。慢慢地，他就会更加积极主动地帮助你，说不定还会用自己的零用钱补贴家用呢！"

当初听到这个方法的时候，我在内心深处赞叹不已，后来才知道这是横山的妻子——博美的真实经历。

其实，横山家里是博美在管家。

这个秘密还是我们通过隐藏摄像头才知道的。为了弄清楚横山一家人会如何讨论钱，节目组委托博美在客厅的冰箱上安装了一个隐藏摄像头，并让她负责摄像头的开关。当然，这一切横山都毫不知情。从摄像头拍摄的画面中，我们看到了横山一家人真实的一面：

一天早上，横山抱着满满的购物袋回到了家中。

博美："老公你回来啦！啊，谢谢！真是帮了我大忙了。就用这个给你做明天的便当哦！"

横山："好的好的，这些真的好便宜啊。"

博美："诶？鸡腿肉呢？"

横山："没看到有……这个不也一样的吗？"

博美："这是猪肉……哎呀算啦，总之谢谢你啦！"

横山："啊，我弄错了嘛……"

博美："没事啦！（对着四女儿说）妈妈明天给你做猪肉便当。啊，来一点纳豆吧！真是太好了！谢谢！竹轮也来一点吧！"

横山："谢啥？那我去准备洗澡水。"

博美："谢谢啦！"

看到这里，你有没有觉得谈话中博美的"谢谢"总是不绝于耳呢？

看上去好像横山将鸡腿肉买成了猪肉，回放这段视频的时候我猜测博美恐怕内心早已怒火中烧了，但还是一直把"谢谢"挂在嘴边。

面对如此善解人意的妻子，将食材采买搞砸了的横山心里暗暗想着"完蛋了"，于是为了弥补过错，他主动提出帮助妻子准备洗澡水。

另一天，一家人在购物回来之后，将买的所有东西都摊开摆在了桌子上。

1岁儿子的衬衫是用横山的零用钱买的，对此博美也是赞不绝口："真是帮了我大忙了！谢谢老公。"然后不急不忙地从购物袋中拿出了一瓶红酒递给横山，说道："这是我给你的礼物，谢谢你给我们买了这么多东西。"

其实，横山为家里买东西的次数屈指可数。但即使如此，为了表示感谢，博美还是偷偷地给他买了最喜欢的红酒，真是太高明了！

"哇！我可以收下吗？"横山满脸笑容地问道。

这时，博美发出了惊为天人的致命一击："只有这一次哦！毕竟我也没有多少零用钱嘛。"

看似普普通通的一句话其实暗含玄机，既点出了自己没有多少零用钱的事实，还凸显了即使如此也愿意牺牲自身的快乐为丈夫准备礼物的高大形象。

另一天晚上，吃过晚饭后横山一脸享受地品尝着妻子送的红酒。

"这瓶酒不便宜吧？"

"不便宜哦！"

"可你还是给我买了，真的太好喝了。"

夫妻俩聊着聊着，不知道怎么着就聊到了要给当时1岁的儿子买玩具轨道火车上来了。

从对话中我们可以得知，这笔钱博美不想从家庭预算中出，当然也不愿意从自己的零用钱里出。

横山试探性地询问道："老婆，你看这笔钱从哪里出好呢？"

博美一口回绝道："不出！"

"不出？！可我想买给儿子啊。"

就在这时，横山像突然想起什么似的，说道："啊！我想起来了！我攒的积分帮我换了不少钱。"

明明玩具轨道火车只需要5000日元就能买到，可不知不觉中横山居然从自己的零用钱中拿出了2万日元交到了博美手上。

"这么多钱啊！不用啦！"

"没事，收下吧！"

"啊！真的可以吗？谢谢，那我就收下啦。"

"没事，收下吧！不过你可要省着点花，毕竟我攒这么多积分也不容易。"

"啊！这酒可真是太美味了。"

横山一边说着，一边举起红酒杯对着灯光，陶醉地欣赏着，脸上满是喜悦。

从博美的视角来看，自己只不过咬咬牙送了丈夫一瓶好红酒，却获得了价值四倍的回报。

真可谓是舍不得孩子套不着狼啊！

而从横山的视角来看，自己为家里做出了贡献，内心十分愉悦。

这一切都是博美的功劳，因为她对丈夫的投资生效了。

看上去博美就像是运筹帷幄、充满谋略的将军，将横山与金钱"玩弄于股掌之中"。其实，不仅如此，她还善于毫不吝啬地表达对丈夫的爱意与信任。在她的影响下，丈夫才开始慢慢地愿意为家庭的幸福而付出自己的零用钱。

横山那不为钱所困扰的幸福人生背后的秘密终于被我窥见了冰山一角。

通过金钱会议来提高管家能力

（伊豫部）横山家里有一个约定俗成的惯例，那就是每月召开一次"金钱会议"，全员都会出席。

在拍摄的时候，我们有幸记录下了这一场景：

会议的第一项是由 6 个孩子以及横山夫妻二人共同讨论家庭钱包里的小票。

顺便补充一句，他们家的冰箱上挂着黄、蓝、粉三色的小型置物篮，依次被贴上了"消费""投资""浪费"的标签。平常在购物回来之后都会将小票放入对应的篮子之中。

会上，一家人正在热火朝天地讨论其中一张小票，这是从百元店买的一本数独。

首先由当事人博美进行陈述。"这是妈妈的数独。要是当初没买就好了，反正最后也没有时间做。这算是浪费吗？应该从家庭预算中扣除吗？"

随后，孩子们争先恐后地发表着自己的意见。

"这是妈妈想要所以才买的呀！"

"如果没做的话，就算是浪费吧！"

"如果是妈妈想要的东西的话，从家庭预算中扣除也不是不可以。"

这时博美进行了总结。

"好了，那这笔钱就从妈妈的零用钱里扣除。我会把钱放回家庭预算里的。"

大家最终讨论决定不同意从家庭预算中扣除这笔钱。

此外，孩子们的眼睛是雪亮的，对家里的情况了如指掌。比如说一旦多拿了几盒泡菜，就会有眼尖的孩子指出："泡菜家里还剩两盒呢，这也买得太多了吧！"

解决完数独小票后，横山又抛出了新议题——"这个月有特别支出吗？"

这是为了预估除了日常的伙食费、日用品费之外，其他必要支出的预算。

"我想要学校往返的定期交通票。"

"我的篮球鞋坏掉了……"

"衣服呢？"

"衣服还好。"

"我想多买一些笔记本，因为在补习班每天都会用掉10页左右。"

如果是平时提出来的话说不定会被忘记，所以大家会在开会的时候当场提出自己的需求，如果通过就能当场拿到相应的钱。

这样一来，就连孩子们也能开始了解家里的钱花在了什么地方、花了多少等。

如果有不得不买或者是想买的东西，就需要在金钱会议上当场提出，这在横山家已经是个不成文的规定了。

因此，重要性较低的需求可能会在家庭会议中被否决。

博美又提出了一个新的议题："孩子们觉得给爸爸按摩太累了，所以提议想买一个按摩仪。"

对横山来说，让可爱的女儿帮自己捶肩、揉腰是释放压力最好的方式，听到这话后他略显震惊。

女儿们把吃惊的爸爸晾在一边，热火朝天地讨论了起来。

"如果机器能够满足爸爸的需求的话，那真是求之不得。"

"买了之后如果闲置了的话就太糟糕了，所以要买就买个全身都能用的。"

"可是这个好贵啊！"

"（对着二女儿说）这样一来，可能就出不起你的考试费了。"

"那可就糟了。"

最终，购买按摩仪的提案不了了之，横山也暗自庆幸了好久。

当时正好在现场的工作人员对孩子们的对话感到震惊不已，谁都想不到这些居然是从孩子口中说出的话。看来横山家的孩子各个都有相对成熟的金钱观。

他们对自家的储蓄以及爸爸的月收入都了如指掌，并且还拥有如何做才会有利于自己和全家人的思考能力。

这样的金钱会议真是太了不起了！

然而，最令我吃惊的是，这样的金钱会议每月都会举行，并且包括孩子在内所有的家庭成员都会参加。比起与朋友的约定或者是玩乐，孩子们更重视家庭会议。横山也会在会议召开的那一天提前结束工作早早回家。这让我不禁觉得，横山那强大的底气恐怕正是来源于此。因为家人是他最大的底气。

第五章

消除金钱焦虑

这种焦虑究竟从何而来

（伊豫部）人类为什么想要钱？当然是想要更加幸福吧！

举个通俗易懂的例子，所谓的不幸，就是随着年龄的增长逐渐丧失劳动能力后失去了收入来源，就连活着也异常艰难。

究竟要有多少钱才能安享晚年？关于这个问题，每个人都有不同的看法。有人觉得需要 2000 万日元，有人认为需要 5000 万日元，甚至有人在存了 5000 万日元之后仍然觉得不够，进一步将养老资金的目标定在了 1 亿日元……可是，究竟为什么不能果断地给出一个具体的数字呢？这真是一个好问题。

因为不知道自己什么时候才会寿终正寝，所以即使存了 1 亿日元也还是会感到不安吧？

作为没前途的自由职业者，我还没有孩子给自己养老送终，所以我也时不时会陷入焦虑的旋涡之中，倍感绝望。于是我找到了横山，说道："我不想再为钱所焦虑了，想要让自己安心。"

横山圆圆的脸蛋上总是挂着笑容，一点也看不出对现实生活的焦虑，可谓是不折不扣的乐天派。我本以为他会温柔地安慰我，没想到他说的话却令我大感意外："**存钱本身就不是为了安全感**。想要消除焦虑的话，不是要有更多的钱，而是要好好关心自己。"

啊？难道存钱不是为了让自己安心吗？

横山认为，只要养成了好的生活方式，形成了正确的存钱习惯，有钱是水到渠成的事。

有很多人因为感到焦虑所以存钱，存到钱了之后反而会更加焦虑，再一次陷入要存更多钱的焦虑之中……其实，还有许多人即使没钱也能乐得其所。

在他看来，这样的例子见得越多，就越确信通过存钱来增加自己的安全感是毫无意义的事。

只要好好地做自己，无论遇到什么困难都能逢山开路，遇水架桥。正是因为有这样的好心态，横山才从不焦虑。

我开始在日常生活中按照横山式思维模式来思考自己的消费方式，慢慢地，我发现像从前那样动不动就陷入焦虑的情况也得到了缓解。

钱其实是一种十分抽象的事物，能够影响它的从来都不是物质，而是价值观。因此，即使是脑海中的想象也会产生巨大的影响。

如果你潜意识里认为自己有金钱焦虑，那么你就会被这种思想所控制，失去本该属于自己的东西。

因此，我们要一步一个脚印，脚踏实地地活在当下。

横山有时候会劝告我不要为金钱流泪，比起钱，更重要的是自己的生活。我想这是因为钱只不过是人生的一个反射罢了，而人生是可以自己去选择、创造的。

从另一个角度来说，金钱焦虑实际上与钱并没有多大关系，钱只是表象。之所以感到金钱焦虑，是因为在当下的生活中我们的心态出现了问题。

横山说，在初次去客户家拜访的时候，他会先观察玄关与冰箱。玄关的情况一进门就能看到了，而冰箱的话需要主人打开给自己看。看过之后，这个家的女主人能够存下多少钱就多多少少心里有数了。

玄关的纸箱子里塞满了密密麻麻的饮料瓶、无数双随意乱放的鞋子、冰箱深处那贴着半价标签但早已过期的肉、从外面专门定制的高级食材、高级酒店自制的调味酱汁……钱会根据主人的价值观以各种各样的形式出现在家中的每个角落。

比如说，倾向于购买有机蔬菜或者对食材的产地格外挑剔的人和倾向于选择保障型保险的人有一个共同点，那就是都认为买高品质的东西会更放心。在某种程度上，这是对自己没有信心的表现。

另外，手机话费高的人往往会存在过度依赖身边人的倾向。

这类人更容易在人际交往和服饰方面花费过多的金钱，为此甚至不惜欠下无数债务。

有些人会对未来感到莫名其妙的不安。实际上，这种不安来源于与自己共度一生的家人，来源于自己的努力不被家人认可的失落感。

因为这些不安都披着金钱的外壳，所以我们很容易被金钱所迷惑，难以察觉到深层次的根源。

横山曾经说过这么一段话："我收入太低啦，有孩子要养或者是没孩子啦，不知道能不能领到离职赔偿啦，就连有没有养老金都是个未知数啦——大家都好焦虑。于是就拼命弥补、拼命追逐。最终，向高风险的投资伸出了手，宛如自掘坟墓般地埋葬了自己的资产。我们不要这样做。我们要好好关心此时此刻站在这里的自己，思考自己的可能性，然后毅然决然地迈出第一步。"

消除焦虑要先从目所能及之处入手。

比如说整理不要的东西，将家彻彻底底地打扫一遍；即使是粗茶淡饭，也要好好考虑一日三餐的营养均衡；不要随意购置新物品，无论多么小的物件，都要充分考虑之后再入手，并且做到物尽其用。

每天是否都好好珍惜了与挚爱家人的关系？被交代的工作是否都毫无纰漏地认真完成了？我们可以通过每天自省的方式来坦

诚面对自己。

这样也能使日常生活更鲜活、更充实。如果你对自己的生活十分满意并且充满信心的话,那钱自然而然地也会相伴而来。

如果你能建立属于自己的存钱体系,并且将其看作生活中重要的一部分,那便不会再受焦虑的侵扰。在这一方面,"消""浪""投"理财体系是我们强有力的好伙伴。

曾经的我认为在因为金钱而焦虑的时候,告诉自己没钱也能过得很幸福的做法纯属自欺欺人。可现在我才发现,当时那个一味认为没钱就不会幸福的自己给予了钱过多的期待,甚至将钱看得比自己还要重要。

钱本身不会带来安全感。自从明白这个道理了之后,整个人反而感觉轻松了许多。

"凭感觉"很危险

(伊豫部)建立自己的存钱体系是指在日常生活中能够根据自己的价值观做出判断。如果能够下意识地做到这一点,当然是求之不得的。可是如果你对自己的直觉没有绝对的自信,那就绝对不要"凭感觉"做决定、消费、做出任何行动。

总是"凭感觉"会让他人有机可乘。

对于诈骗电话和漏洞百出的杀猪盘,很多人都想不通究竟为什么会有人因此上当受骗,并十分自信地认为自己绝对不会被骗。

曾经的我也有过类似的想法。但是,越是认为自己不会轻易上当受骗的人越容易被骗。

在这里给大家介绍一个由美国心理学家设计的心理测试,十分有趣。

这个测试是另一位制片人同事告诉我的,他曾经采访过诈骗电话的受害者。细节处可能跟原版不是完全对得上,但大概是差不多的。想知道自己是否属于容易上当受骗的类型吗?赶快来试试吧!

夜晚，男子正驾车走在路上。就在不久前，他接到了一个电话，对方声称是5年前去世的父亲的故友，想把一个与父亲有关的重要遗物交给他，并叫他马上过去取。不知是否太过着急，男子在驾驶时出现了失误，最终导致了车祸。路人见状立马报警，濒死状态的男子被紧急送往医院。到医院后，医护人员急急忙忙将男子推入手术室，必须马上进行手术。可是，当日的值班医生看了男子一眼，说道："他的手术我做不了，因为他是我的儿子。"

好了，故事听到这里，你有什么感想呢？

或许你会有疑问："诶？好奇怪，不是说他的父亲早就去世了吗？"

如果你也这么想的话，那就说明你十分容易被骗。

因为，沉着冷静难以被骗的人不会先入为主地认为医生一定是男性，会自然而然地认为医生是男子的母亲。

这个测试正是抓住了人们想当然地以为"医生＝男性"的心理。

在现代社会中，即使没到诈骗的程度，许多商家也会抓住这样的心理顺其自然地灌入铺天盖地的劝诱消费、投资的信息。

人就是这样，在脑袋放空、随波逐流时，或是因过于焦虑而心神不宁时，就会丧失冷静分析判断的能力。这是人类的天性。

就我自身而言，我容易让他人有机可乘的关键词（弱点）就是抗衰老。

曾几何时，当与别人闲聊时，在我发出"毕竟我已经到了这个年纪了"的感慨后，对方就会礼貌性地奉承几句："哪里的话，你还年轻得很呢！"可当我注意到这一点的时候才猛然发现，上次听到别人这么说已经是很久之前的事了。

糟糕！我不能坐视不管，必须采取行动！

前不久，我发现自己正在一边给自己"洗脑"，一边打着"投资"的名义疯狂下单。可为时已晚，我已经按了确认键，花了2.7万日元在网上买了一份据说能够消除细纹、重现魅惑双眼的高级眼霜。天呐！这真是太疯狂了！

另外，明明我现在用的遮瑕力超强的粉底还剩下一半多，可当逛街碰到没见过的品牌时，我还是鬼使神差地走进去试了妆，最终花了1.6万日元买了号称"服贴超自然"的粉底和打底产品。

就在半个月之后，我在亚马逊发现了一本好评如潮的护肤书籍，立马花了1400日元下单。拿到手读了之后才发现里面将"肌断食"（即极简护肤）的好处写得有理有据，并且宣称无论基础护肤还是化妆都会加速皮肤衰老。

所以，现在的我只好将购买的高价化妆品束之高阁，决定将素颜出行和清水洗脸践行到底。看着这几周花掉的冤枉钱，真是令人欲哭无泪。

本以为在坚持自我的路上做得很好，没想到还是疏忽大意被钻了空子。

此外，下意识地劝说自己"这是投资"的习惯也是引诱我一步步堕入消费陷阱的罪魁祸首。

当被商家抓出心理弱点一不小心进行了冲动消费时，我们应该如何是好？我就这个问题请教了横山，他的回答再一次令我出乎意料。

"浪费就浪费了嘛，没什么大不了的。只要你能够意识到这是浪费就没关系。不要把问题想得太复杂了。"

确实，是人就会犯错。所以我们需要积累经验，分析自己在什么情况下会导致令人追悔莫及的失败并从中吸取教训。只要能做到这一点，就无须太过担心。

但是！

最关键的是能够勇于面对失败（我也经常这么对自己说）。

这是用长远的眼光看待失败并且将其转变为投资的秘诀所在。

以"消""浪""投"理财体系作为武器，放弃"凭感觉"的思维模式，培养正确的消费习惯，即使失败了也能勇于面对，从中吸取教训。在这样的过程中，就能够逐渐形成自己的存钱体系。我也必须加油！

因此，我向丈夫发出了自己的宣言："如果有一天我去抢了银行,那就证明我已经老得不行了。"之所以要大声地说出来,是因为这么做有助于潜意识的形成。虽然丈夫一脸不解地看着我,但也没关系。毕竟,这是为了给自己提个醒。

你正处于哪个需求层次

👤**（伊豫部）** 美国心理学家马斯洛的需求金字塔理论（需求层次理论）在广告界被奉为圭臬，可以帮助我们找到自己的弱点。

他认为人类的需求像阶梯一样从低到高按层次可以分为五种，只要前一个层次的需求得到了满足，人就会自然而然地进入下一个需求层次。一旦进入了更高的需求层次，那就意味着从低级的需求中得到了解放，不会再为其所束缚。

如果你能够知道自己目前所处的需求层次，那么你就能找到自己最想要的东西以及自身的弱点。

位于金字塔最底端的是生理需求层次，这包括吃东西、睡觉、性欲等本能的需求。如果生理需求得到了满足，就会进入上一个层次，即安全需求。安全需求指的是对居住、服饰、金钱、健康等能给予安全保障事物的需求。一旦这些需求被满足，就会进入归属需求层次，渴望归属感与交友等。以上三种需求通过外部条件都可以满足。

第五章 | 消除金钱焦虑

马斯洛的需求金字塔理论

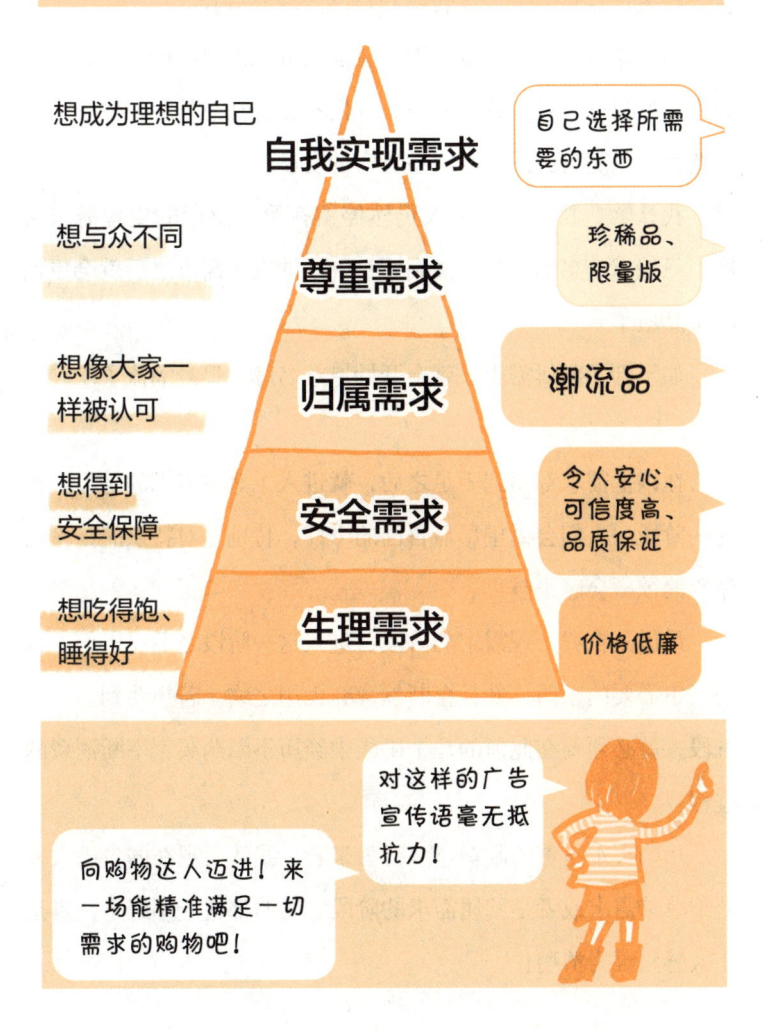

层级	说明	对应商品
自我实现需求	想成为理想的自己	自己选择所需要的东西
尊重需求	想与众不同	珍稀品、限量版
归属需求	想像大家一样被认可	潮流品
安全需求	想得到安全保障	令人安心、可信度高、品质保证
生理需求	想吃得饱、睡得好	价格低廉

向购物达人迈进！来一场能精准满足一切需求的购物吧！

对这样的广告宣传语毫无抵抗力！

接下来是尊重需求，到了这一阶段，人们的需求就会逐渐从外部转移到内部，希望得到赞赏与尊敬。随着心灵的成长，我们就会将关注点从外部世界转移到自己的内心世界。

最后是自我实现需求，即希望能充分发挥自己的能力，想要做真实的自己。到了这一阶段，人们不会再在意外界的赞誉，只想纯粹地跟随自己的内心，做真实的自己。

我认为，目前有许多人仍然停留在第一阶段的生理需求层次，只追求实惠的价格。而到下一阶段的安全需求之后就会更加注重品质了。

如果到了归属需求，就会开始追求名牌、追赶潮流了。

在以上需求都得到满足之后，就进入了尊重需求的阶段。在这一阶段，人们会渴望彰显自己的个性，特别是对特供品、珍稀品等的欲望会越来越大。

最后是自我实现需求的阶段，进入这一阶段之后，人们不再购买不需要的东西，并且会断然舍弃无用之物。若想要到达这一阶段，就必须要在此前的几个阶段中经历不断购买、不断消费的过程。

从购买了昂贵的眼霜这一行为来看，我认为现在的自己大概处于尊重需求或者是归属需求的阶段。明明都这个年纪了，真是让人感到难为情啊！

处于这一阶段的我，对"买了之后就能迷倒一群人""能让你看起来年轻五岁"等广告宣传语毫无抵抗力。虽然知道这是成长的必经之路，但还是希望在花钱的时候能够彻底摆脱欲望的那一天能够早点到来。为此，心灵也必须不断成长。如果心灵还停留在原地的话，一味地向钱寻求安全感是毫无意义的。

真诚才是必杀技

🙍（伊豫部）突如其来的裁员、意外伤害、生病、自然灾害、从天而降的债务等，说不定什么时候危机就会来袭。到那时能够帮助我们度过危机的是横山常挂在嘴边的真诚。

我曾经采访过早稻田大学人间科学学术院的熊野宏昭教授，他主要从事认知行动疗法的研究。在他的指导下，我们曾经在节目中做了一个实验，接下来就向给大家介绍一下具体的实验内容。

这个实验的主要目的就是了解人们在对压力的感知、抗压能力，以及对现状认知等方面的差异。

在实验中，实验对象被要求将双手放入装满冰水的洗手台中。如果温度超过了可承受的范围的话，可以直接将手拿出来。那么，那些最耐寒、坚持得最久的人在实验过程中想着什么呢？

①给自己洗脑

"没关系，其实一点都不冷啊！"

②想一些快乐的事情来分散注意力

"明天要去看电影了！好开心啊！看完之后可以去吃好吃的，

好期待。"

③面对自己真实的想法

"可真冷啊！不过冰水的温度肯定是在0℃以下，冷也是自然的。啊，手被冻得好疼。"

答案是③。只有能够认清并且接受自己所处的真实情况的人才能坚持最久。

在本书的开头我也稍微提到过自己的一段经历：数年前，我突然发现丈夫瞒着自己欠下了巨额债务。当时我眼前一黑，差点背过气去。

丈夫欠债的理由在现在看来也十分可笑，说是把不知道在什么时候借的一笔现金设定成了分期还款，到后来利滚利这个数额就越来越庞大，最终演变成巨额债务。

我本人对借钱这件事深恶痛绝，可偏偏这样的悲剧就发生在自己身上了，这究竟是为什么啊！

得知这一消息之后，我萌生了无数个念头。首先是想要逃避现实。要不离婚把他甩了算了？装作没发现再把他甩了？这样的想法可能就跟前文介绍过的心理实验的①与②差不多。总之就是铁了心地打算抛弃丈夫一走了之。因为在发现自己被蒙在鼓里的那一瞬间，对丈夫的爱与信任立刻荡然无存。

后来，我怒极而气，哭了一夜之后实在太累了，也就没有力气再生气了。长叹了几口气之后,我决定重新分析现状,面对现实。在现在看来,这也算是歪打正着。

我将所有的欠款和未支付的税费、未支付的账单等一一列举出来,算出了欠款的总额为430万日元。(哇!真是太令人难以启齿了!)

在我尝试接受这一巨额数字之后,发现自己居然奇迹般地冷静了下来,并且充满了斗志。

好吧!就承认自己很穷吧!

欠债还钱,天经地义。为了对得起自己的良心,就勇敢地用尽一切办法来履行自己的义务吧!哪怕是要缩衣减食、消费降级。

5年之后的今天,我们终于还清了债务,过上了正常的生活。虽然只是歪打正着,但很庆幸当时的自己能够冷静下来去计算欠款的数额。

不知道是不是因为有前进的动力(当然,也不能没有动力),现在回过头来看那段拼命还债的岁月竟然一点都不觉得辛苦。

最后,我们夫妇二人成功渡过了难关,现在我对自己也更加自信了。

在成功路上,最大的绊脚石就是"得过且过"以及"桥到船头自然直"的心理。不能总是试图对显而易见的问题视而不见。

这是横山的经验之谈。

据说，高收入人群、单身人群，以及生活较为富裕的人群最容易出现这样的问题，因此而失败的例子更是数不胜数。

因为他们会做多余的事情。比如说，订购高品质的外送食材，购买多种多样的保险，送孩子去私立学校并学习特长，买进口车，等等。他们完全没有意识到这样的高消费与自己的收入是不匹配的。每每见到这些例子，横山都扼腕痛惜。

当危机来临时，请务必要将这句话铭记在心：**坦诚地接受事物本来的样子。**

钱是越花越多的

（伊豫部）当我偶尔翻阅为了做调研而购买的理财书籍时，不经意间总能看到这么一句话："**钱是越花越多的。**"

真的有这回事吗？钱难道不是越花越少的吗？说这句话的人能够承担起相应的责任吗？

然而，慢慢地，我也开始能够稍微领会这句话的含义，不禁开始点头称赞。

这句话的原理可能和"消""浪""投"理财体系中的"投资"是相通的，只要投资顺利，钱就会从四面八方涌来。

（横山）"钱是越花越多的。"这句话说起来简单，但真正做起来的时候想必大部分人都会开始犹豫。特别是当意识到必须跟投资扯上关系的时候，反而更不敢轻易出手了。

当我在理财方面尚未开窍的贫困岁月里，若是有人告诉我钱是越花越多的，我会觉得是无稽之谈。

然而，在我积累了一些经验，人生阅历更加丰富之后，再回过头来看这句话，觉得它不无道理。

那么，什么样的消费方式才能使钱越花越多呢？

首先，我们需要记住这一点：**能使自己以及对自己而言重要的人开心的消费方式可以使钱越花越多。**

见识广博的你可能暂时想不明白，但只要适当缩小范围，聚焦于身边的人，也许你就能自然而然地明白其中的奥妙了。

比如说，这笔钱能不能同时给你与最亲密的伴侣带来快乐呢？

说起来很惭愧，因为工作的原因我常常不能陪伴在家人身边，所以只要是全家都能参与的家庭活动，我都会毫不犹豫地为此花钱。

全家人一起外出就餐就是我最乐于花钱的活动之一。

由于工作性质，下班后我几乎不想开口说话。但如果是全家人一起外出就餐的话，我就立马像健谈的司仪一样，与孩子们有聊不完的话题。

这样的做法虽然不会立马转化为钱，但却能够使我获益匪浅，也能增强与家人的沟通交流。

我们家的孩子们虽然学习成绩不是很好，但每天都像小傻瓜一样无忧无虑、十分快乐。健康的体魄、乐观的心态、愿意倾听不同声音的包容性等，无论哪一种品质都能对他们今后的人生产生至关重要的影响。

此外，我认为让孩子亲眼见证结账也是十分重要的。

这可以让他们知道享受商品、服务是需要付费的，为此需要努力挣钱。这样的做法能够帮助他们形成正确的金钱观。

在我的6个子女中，稍微年长的2个不是在上大学就是在读高中。他们在上学的同时也正在兼职打工，当然这是以不影响正常学业为前提的。他们这么做是为了能够赚钱满足自己的消费需求，所以对赚到的每一分钱都格外珍惜。

在我们公司也是一样的。当有空的时候，公司的同事们会讨论业绩之外的话题，比如钱应该花在哪里等。

当为手上这笔钱不知道该花在什么地方而感到迷茫的时候，思考过后还是会回归原点——花在能让重要的人高兴的地方。

站在公司的角度来说，重要的人就是委托人，即客户。所以我们会把钱花在能使客户高兴的地方。

比如说，前不久我们购入了20余册暖心绘本，送给了家里有喜欢听故事的孩子的客户。

对于那些想要自己出钱购买我著作的客户们，我也基本会免费赠送（当然每月的赠送额只有1本）。

除此之外，我还会将节水花洒、LED灯泡等物品作为小礼物送给客户。虽然只是不起眼的薄礼，但却会带来意想不到的收益。

因为，在下次见面时，我会邀请客户谈谈使用这些物品的感受。这对我来说其实也是一种投资。

虽然以上只不过是我的一己之见，但只要以能够为周围的人带来快乐为出发点，那就一定能找到"钱生钱"的办法。

在上文中我也说过，在 21 世纪，进行金融投资是十分有必要的。

当然，我并不是建议你盲目跟风或者为了投资而扭曲自己的价值观。

在这个瞬息万变的时代里，我们迄今为止习以为常的一切事物可能最终都会被颠覆所以，投资的关键并不是为了赚钱，而是为了防止贬值。

看到这里，也许你会觉得那现在投资的话不是风险更大吗？

正是因为如此，我们才需要投资理财来对抗现金的贬值风险。

如果说储蓄是"被动防守"的话，那投资就是"主动进攻"。包括家庭主妇在内，我希望所有人都能够认识到投资也是一种储蓄。

当然，所谓"主动进攻"，并非只有金融投资一种表现形式。一般情况下，通货膨胀、通货紧缩、股跌债涨、日元增值日元贬值等市场变动会时时刻刻牵动着投资者的心弦。所以，我们必须

要形成自己专属的"主动进攻"模式。

说起自己专属的"主动进攻"模式,一些人就立马向家庭财务发起"进攻",企图颠覆此前的家庭收支模式。其实这是大错特错的。

正相反,我们需要扎扎实实地形成带有自己独特风格的思维、行动模式,以及价值观。可以从能力所及的小事做起,勇敢地迈出第一步。改变自身对金钱的一切认知,这本身就是"主动进攻"的一部分。

迈入主动进攻的储蓄之路

🧑（**伊豫部**）我曾采访过许多横山式理财方法的践行者，其中令我感触颇深的是直美（当时 39 岁）。她让我感受到一种生活充实并且朝着未来全力出击的活力与气魄。

直美现在与丈夫生活在一起。以前的她在所任职的保险公司勤勤恳恳地工作，不会在意每日的消费。但是，后来发生的一件事让她感到异常焦虑——她生病了。为了专心治病，她不得不辞去工作。可这突如其来的病痛带给了这个家庭无比沉重的打击。当时，他们的房子刚刚打好地基，正准备开始动工。而这栋房子是以二人都有收入来源为前提所修建的。

"当时我真的太焦虑了。不仅收入减少，还要支付医疗费。我还担心自己的身体状况，为康复之后能不能再次工作而发愁。就连正在建的房子说不定什么时候就停工了。本来是想好好尽尽孝道，但没想到还是给父母添了麻烦。现在住的公寓也已经签订了要搬走的协议，真的是穷途末路了。我甚至做了最坏的打算，那就是流落街头。"

回顾那段经历时，直美表示自己当时并没有意识到钱的流动。

在患病之前，她过着随心所欲的生活，想买什么就买什么，对钱完全没有概念。

然而，辞职导致的收入骤减与高昂的治疗费这两座大山压得她喘不过气，这时她才意识到自己必须要努力节约了。

没钱啊！没钱！该如何是好呢？

断绝一切奢侈行为，割舍一切兴趣爱好。

当她因累到不想做饭而选择外出就餐时，罪恶感就会油然而生。

"不仅仅是物质生活，这种贫乏已经蔓延到了身心。"

于是，她下定决心向横山寻求帮助。

在横山的建议下，她开始重新记账以充分把握家庭的收支情况。

在开始记账之后她才发现，每个月最多只有20万日元可用于日常开销，但总支出却高达26万日元，足足产生了6万日元的赤字。

这就是直美当时所面临的烂摊子。

但不可思议的是，那时的她不再因为没钱而坐立不安，在接受现状之后，她对自己所面临的敌人有了进一步的把握。

虽然敌人不容小觑，但她依然勇敢地与之抗衡，不曾退缩。

那么，她究竟是怎么做到的呢？

横山给她的建议是，将自家的收支分类充分分析比较。

"要削减伙食费还是通信费？哪个更好？从影响不大的分类开始下手吧！"

这么做之后，她才第一次意识到了自己的价值取向。

在和丈夫商量之后，为了身体健康，他们一致决定三餐的营养均衡更加重要。所以选择先从削减通信费用方面下手。

"因为我一直在家，可以用电脑发邮件，手机只要能打电话就行了，不需要开通短信功能。"

"和丈夫商量了之后，重新整理了与通信公司的合同，将迄今为止2万日元的通信费缩减到了1万日元。"

"我们将食材作为可'偷懒'的空间保留了下来，决定要充分考虑三餐的营养均衡。此外，外出就餐被定义为'浪费'。与我们同住的父母也会为我们送一些自己地里种的蔬菜，这真的是帮了大忙了。"

"我们还在油费和日用品支出方面下了好大功夫，最后终于解决了6万日元的赤字。"

在取得阶段性胜利之后，直美开始逐渐将目光转向了"投资"。

不久前，她对能够引导人积极向上、消除疲劳的香薰产生了浓厚兴趣，所以她下定决心每月花费 3 万日元作为投资去学习芳香疗法。

通过芳香疗法的课程，她学习了各种精油的功能以及如何根据身体需求去调香。此外，她还学会了如何手工制作日用品，如肥皂、除臭剂、洗衣液等。她的丈夫是一名大巴司机，每天她都会用有消除疲劳功能的香薰为丈夫按摩。

我们去她家拍摄的那一天，她刚好还在用自制的柑橘系香熏喷雾打扫厕所，据说有令人神清气爽的功效。正在打扫的她看起来十分怡然自得。

就这样，她们家的日用品支出也大大减少。

不仅如此，她对自己手工制作的日用品充满了自信，所以决定不再囤货，家里没用的东西也开始逐渐减少。

此外，为了早日重返职场，她开始学习专业护理师的课程，并且顺利地通过了考试取得了资格证。虽然为此花了一些钱，但她能底气十足地将其划分为"投资"。

"该花的钱还是要花的。虽然我们现在还面临着赤字，但我有信心在未来的某一天扭转局面。比起从前不经思考、随心所欲购物的生活，我觉得现在更快乐，因为我找到了对自己而言最重要的事。以前，即使是必要支出，可是花钱的时候还是会有罪恶感。以前什么都不懂，根本体会不到生活中的小确幸，那才更辛苦吧！所以，现在的我学会了知足常乐。"

随着沉默寡言的丈夫的一声"嗯"，录像到这里就结束了。

这是"朝一"特辑节目《超级钱包术》的最后一个视频片段。

在那一瞬间，一个疑问突然出现在我的脑海之中："嗯？节目开始的时候明明大张旗鼓地宣传只要看了这个就一定能存下钱，财富一定会增加。可最后居然以没钱也可以很幸福而告终，这样真的好吗？"

算了，就这样吧。最后节目还是播出了。

幸好，我们未曾收到对结局不满的反馈。

直美在真正意义上通过"主动进攻"式的投资消除了人生焦虑。如果能将这一点传播给更多的人，那也就无憾了。

无论是直美还是伊豫部，都注意到了一件重要的事：钱并不能带来幸福。只要有钱就幸福的例子根本就不存在。

幸福是因人而异的。只要与找我咨询的客户聊几句就能发现这个道理。拿着正常的收入，即使有钱也感觉不到幸福的人比比皆是。

消费方式或者是存钱方式既不由外人决定，也无须由外人评价，能做主的只有我们自己。

费尽心机地为浪费寻找正当理由或为不敢做出改变的自己寻

找借口的做法完全是百害而无一利。

即便现在收入不高，没有多少积蓄，但只要用感激的心态面对现状的话，事情就一定会发生好转。

正是因为我从事了这份工作，有许多朋友愿意直接跟我分享自己的经历，我才能明白这一道理。

人生不应为金钱左右，只有自己才是生活的中心。如果能做到这一点的话，就能够摆脱金钱的束缚，变成更好的自己。

后 记

"一旦入迷就会不自觉入镜的制片人。"

这是我对伊豫部的一大印象。

在采访的时候,她听得入神后就会不知不觉地入镜。制片人明明只需要在镜头后倾听被访者的心声,可她却入镜了……这与专业制片人的形象有些不符合。(开个玩笑)

她就是这么一个人,总是全神贯注地倾听对方说的每一句话,并将其当成自己的事情感同身受。可以说,她总是对一切事物都充满了强烈的好奇心。

正因为她仿佛是个天生的倾听者,所以总能准确地捕捉到大家想知道的关键信息,并且全力以赴地传递出去让更多人受惠。

虽然来自不同行业,但我们的工作都有一个共同点,那就是"传递"。

无论是将信息传递给电视机前不特定的观众,还是面对面与人进行交流,这两种传递方式虽然略有差异,但核心要素是基本相同的。

这一点引起了我的广泛思考：我是靠着自己的努力一步一步走到今天，但单打独斗无法拓展自己能力之外的新领域。我已经把"传递"知识当成了一份理所当然的工作，却忘记了能够站在知识传播者的立场上去做这件事本身就十分难得可贵。

此前，即使我内心想法万千，但却不能很好地将想法转化成语言传递给客户。伊豫部的出现不仅使我重新认识到了这一点，还帮我解决了这一问题。

遇见她之后，我内心有一颗种子开始萌芽了。我想重新对金钱进行思考。

思考如何讲述这个话题，思考读者会对什么样的内容感兴趣。

这就是我与伊豫部合作共著此书的契机。合作了之后才发现这是我做的最对的决定。我向你保证，在本书中我想说的东西都以恰如其分且通俗易懂的措辞呈现了出来。

在完成本书的撰写之后，我问了伊豫部一个问题："对你而言，钱是什么？"

她思考了一下，给出了回答："从好久以前开始，我都一直认为自己与钱无缘。所以，一旦想到手里的钱总有一天会消失殆尽，内心就十分焦虑不安。这也许是因为当时的我已经完全被钱支配了。现在虽然不能完全说不担心，但我开始逐渐明白对待钱的态度其实是对自身最好的反射。我想这一根源就在于其实钱在

后记

人际交往中是一种信任、保障的体现。

"所以一旦自己将日子过得乱七八糟，那对钱的态度以及消费方式也会误入歧途。"

我对她的回答产生了深深的共鸣。因为工作的关系，我阅人无数，深刻地感受到钱其实就是自己的一面镜子，是生活的投影。也就是说，重视金钱就是重视自己的人生。

可能是因为见过太多钱带来的负面影响，也可能是因为我自己也曾深受钱的困扰，当被问及相同的问题时，偶尔我也会给出"钱是危险品"的回答。

在极端情况下，钱能改变一个人的性格、引人犯罪，甚至最终会带来死亡。

正是因为如此，我才希望所有人都能够妥善处理好与钱的关系，掌控它，让它发挥出最大的价值。如果能做到的话，在非常时刻说不定能帮助我们逃过一劫。

然而，虽然钱有多种多样的表现形式，但说到底它只不过是一种工具，一种手段，绝对不是目的。这一点希望大家能时刻谨记。

有钱就会获得幸福，这样的想法实在是愚蠢至极。正如伊豫部最后想通的那样，与其凭借钱来获得安全感，还不如使自己当前与将来的生活变得更加充实。

真可谓是成也萧何，败也萧何。虽然钱不是最重要的，但它仍然是我们的好帮手。借这个机会，我想对在本书撰写之际对我们提供帮助的所有朋友表示衷心的感谢。特别是编辑笠井麻衣女士，我们没少麻烦您，谢谢您为我们提供的支持与帮助。

其次，我想感谢我的合作伙伴伊豫部女士，感谢你的鼎力相助。我应该给了你不小压力吧？感谢上天让我遇见你。

最后，我希望本书能够给大家带来启发与思考，也希望能将我们的满腔热血传递给大家。如果今后有直接交流的机会，我非常乐意倾听大家的声音与故事。希望这一天能够早点到来。

专业家庭理财咨询顾问

财务规划师

横山光昭